Raising a Baby is My Strength :
Concerns before Age Three

Knowing theories about child development is different from actually raising a child. I have a doctorate in child development, but when I had my own children, I was not sure if I was raising them well. Then, the concept, 'raising child with respect and let the baby be a baby,' from the infant specialist Magda Gerber, gave me great insight and confidence.

The experience before age 2-3, even though the child can't remember, will be saved into the unconscious mind, which will affect future personality, emotion, learning and behavior. This period is like the roots of a tree or foundation of a house. The first year in the mother-child relationship will set the future direction of the relationship.

There is so much information about how to raise babies. What is right for my baby? Since every situation is different, even if the information works for others, that doesn't mean that it will work for my child. Also, applying this and that without any principle may be rather harmful. Also, it's quality more than quantity. Being with the baby all day long doesn't necessary mean it is good for him/her. For a working mom, the method of getting best effect in the least time is introduced in this book.

Parents alone can't raise the baby. Relationships such as husband- wife, relative, and other care givers will dynamically affect child development. Thinking of what is important for my child and the constant effort for a harmonious relationship will make life worthwhile.

This book is based on the diary I wrote as I raised my own children, child development theories and facts, and the principle of how to raise children with respect. The time with a baby will never come back. Wouldn't it be great if we raise our children fully without regret? Raising children can be easy and fun. When the mother is not sure or confused, or trapped, this book will give confidence, hope like a light house.

Jae Young Yoon, Ph.D.

육아는 나의 힘
첫 3년을 둘러싼 모든 것

육아는 나의 힘
첫 3년을 둘러싼 모든 것
Raising a Baby is My Strength :
Concerns before Age Three

1판 1쇄 | 2013년 2월 28일
1판 3쇄 | 2013년 11월 19일

글 | 윤재영

펴낸이 | 박현진
펴낸곳 | (주)풀과바람
주소 | 경기도 파주시 광인사길 71(문발동 출판도시)
전화 | 031) 955-1515~6
팩스 | 031) 955-1517
출판등록 | 2000년 4월 24일 제20-328호
홈페이지 | www.grassandwind.com
이메일 | grassandwind@hanmail.net

편집 | 노정환
디자인 | 김성연
마케팅 | 이승민

ⓒ글 윤재영, 2013

이 책의 출판권은 (주)풀과바람에 있습니다.
저작권법에 의해 보호를 받는 저작물이므로 무단 전재와 복제를 금합니다.

값 12,000원
ISBN 978-89-8389-509-7 13590

※잘못 만들어진 책은 바꾸어 드립니다.

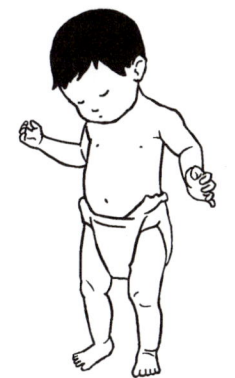

육아는 나의 힘
첫 3년을 둘러싼 모든 것

윤재영 지음

추천의 글

1988년, 올림픽이 서울서 열리던 해에 미국 퍼듀대학 아동가족학과에 방문 교수로 가서 여름 학기를 보냈다. 퍼듀대학은 중부의 명문 대학이지만, 퍼듀대학이 위치한 웨스트라피엣은 작은 마을 같은 도시다. 오전에는 대학원 강의를 청강하고, 오후에 도서관에 있다가 센 냉방 때문에 몸이 차가워지면 나가서 길을 걸곤 했다. 혼자 캠퍼스타운을 30분 정도 걸으며 되돌아오곤 했다. 조용하고 한적한 길이었다.

마침 한국에서 온 박사과정 학생이 있다고 학과장이 소개해주었는데, 그 학생이 윤재영 교수였다. 신혼이던 학생 부부는 단출한 대학원생 아파트에서 비둘기처럼 살고 있었다. 아침 일찍 등교한 아내를 위해 남편이 마련해둔 음식이 지금까지도 기억에 남는다. 껍질을 벗기고 칼집을 내어 양념해 구운 닭다리 두 조각이 얌전히 유리그릇 안에 놓여 있었다. 그 정성과 애정이, 두 아들이 장성한 지금까지도 한결같다니 믿기지 않을 정도다. 남편은 요즈음도 신혼 때처럼 아침에 커피를 내려서 아내에게 주고, 먼저 마시는 것을 본 후에야 자신이 마신다고 한다. 뜨락에 키우는 채소나 과일도 아내가 먼저 입에 대야 남편이 맛을 본다고 했다. 나는 그 부부 이야기를 듣고서 내 가슴속이 따뜻해지는 것을 느꼈다. 윤재영 교수가 쓴 책의 내용이 따뜻한 것은 그러한 삶이 반영되어 있기 때문이다.

내가 윤재영 교수에게 감동하는 것은 만날 때마다 새 책을 가지고 온다는 사실 때문이다. 참으로 부지런히 인내심을 가지고 끊임없이 따뜻한 책을 쓰고 있다. 윤재영 교수 자신이 연구하여 자신의 생각을 정리해 남기려는 의지가 강하기 때문이기도 하지만, 아내가 강의를 하고 틈틈이 시를 쓰고 전공 서적 쓰는 것을 장려하며 칭찬을 아끼지 않는 배려심 깊은 남편 덕분일 게다.

아기를 낳아 기르는 것은 모든 어머니가 하는 일이지만, 아기의 숨결에 귀 기울이는 따뜻한 가슴을 누구나 가지고 있는 것은 아니다. 이 책을 읽어보면 출산과 양육만큼 소중한 경험이 없다고 말하는데, 책의 여기저기에서 따뜻하고 정감 넘치는 모성이 보인다. 젊은 어머니들이 이 책을 읽고 아기와 어머니인 자신의 모습을 떠올려보기를 바란다.

서울대학교 아동가족학과 교수 **이순형**

머리말

이론으로 아는 것과 실제로 아기를 키우는 것은 다르다. 10여 년이 넘도록 아동에 대해 연구했지만, 막상 아이를 낳고보니 상황이 달라졌다. 잘 키우고는 싶은데 수입은 한정되어 있고, 어떻게 해야 할지 확신이 안 서 걱정이 앞섰다. 우연히 영아 전문가 마그다 거버 여사와 인연이 닿아 '아이를 아기답게 존중해서 키우기'라는 양육 방법을 접하게 되었고, "아하, 바로 이거구나!" 하였다.

출생 후 만 2~3세까지의 경험은, 비록 기억은 못 하지만 스펀지처럼 흡수되어 무의식 속에 저장되며, 미래의 성격과 감성, 학습 그리고 행동에 영향을 준다. 이 시기는 마치 옷을 입을 때 첫 단추를 잘 끼우는 것과 같고, 나무의 뿌리 역할을 하며, 집을 지을 때 기반과 같은 역할을 한다. 첫 1년 동안 아기와의 관계 형성이 유아기에 영향을 주고, 유아기의 경험은 미래의 방향을 정해준다.

수많은 정보가 인터넷이나 육아책을 통해 쏟아져 나온다. 어떤 것을, 어떻게 선택해야 할까? 각자 처한 환경과 개인 특성이 다르기 때문에 아무리 좋은 약이라고 너무 많이 먹거나 이것저것 사용하면 오히려 독이 된다. 신념을 갖고 잘 분별하여 존중과 배려를 바탕으로 한 일관성 있는 양육이 필요하다.

양보다 질이다. 엄마가 아이와 하루 종일 함께 있다고 해서 아기에게 좋은 것만은 아니다. 워킹맘의 경우 짧은 시간에 최대의 효과를 얻어야 한다. 엄마 혼자 하면 힘들겠지만 아이와 함께하면 수월하다. 그 외 주위 환경, 즉 부부 관계와 일가친척, 어린이집과의 관계 또한 역동적으로 서로 얽혀 양육에 영향을 미친다. 무엇이 우선이고 소중한가를 생각해보고 조화를 이루면 즐겁고 보람될 뿐만 아니라 그 결과 엄마가 원하는 대로 풍성한 열매를 맺을 수 있을 것이다.

이 책은 아이를 키우며 다른 아이를 관찰하고 적은 일기를 시 형식으로 정리하였고, 대학에서 강의하던 자료와 존중해서 아기답게 키우는 양육 방법을 접목하여 엮었다. 한번 가면 다시 오지 않는 아기와의 시간을 후회 없이 보내길 바라며, 때로 확신이 안 서고 난관에 부딪칠 때 희망을 주는 등대와 같은 역할이 되었으면 좋겠다.

아동학 박사 **윤재영**

책 읽기에 앞서

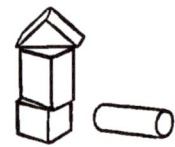

- 본 책에서 영아는 '아기', 영유아는 '아이'로 표현했다. '아기'는 0살에서 걸음마를 시작하는 시기이고, 아이는 말을 시작하고 "나"라는 자아 개념이 시작되는 15개월 이후 만 36개월까지다.
- 혼돈을 줄이기 위해 편의상 보살펴주는 사람을 '엄마'라고 적었지만 아빠와 할머니, 보모, 교사 등 양육에 관심이 있거나 실전에서 아기를 보살펴주는 모든 사람이 대상이 될 수 있다.
- 교육적 차원에서 건강한 영유아를 대상으로 적었지만 존중한다는 기본 원칙은 건강 또는 나이와 성별에 관계없이 모든 인간관계에도 적용된다.
- 서로 환경이 다른 만큼 잘 적용해야 한다. 남에게 좋다고 하여 내게도 좋은 것은 아니다.

목차

추천의 글 ··· 4
머리말 ··· 5
"자, 떠나자!" ··· 14

1장 나는 왕이로소이다 ··· 15
(누가 그 고집을 꺾겠는가, 신생아 : 0~3개월)

사랑에 빠지지 않을 수 없다 | 고슴도치도 자기 자식은 귀엽다 | 개미야, 미안하다
여자는 약해도 엄마는 강하다 | 누가 가르쳐주었나 | 반사적 행동의 힘
수영하는 신생아 | 천장에 얼굴을 그려 붙여주다 | 아기의 시력 | 울음보 터졌다
울음은 의사소통 | 천재가 아닐까 | 신속하게 반응해주는 것이 좋다
지쳐 잠이 들지언정 | 누가 그 고집을 꺾겠는가 | 달래도 달래도 계속 운다
콜릭(Colic) 아기 | 물소리에 조용해지다 | 아기 달래기 | 고무젖꼭지의 사용
숨을 쉬나, 안 쉬나 | 돌연사 증후군(Sudden Infant Death Syndrome)
백일 사진 | 백일의 의미

2장 맞춤 양육 ··· 35
(영유아기의 중요성)

영유아기의 중요성 | 두뇌 발달 | 집중은 신경 회로에 자극을 준다
긍정적·부정적 경험과 호르몬 | 영유아기 때 완성되는 감성 기억의 뇌
사고와 이성을 담당하는 대뇌 | 신뢰와 자신감을 배운다
내적 기쁨은 동기를 유발시킨다 | 아기가 울면 배울 수 없다 | 서로 다르다
순한 아기, 까다로운 아기, 반응이 느린 아기 | 맞춤 양육
지적 지능과 감성 지능(IQ와 EQ) | 세상을 품은 엄마 | 왜 잘 키우고 싶은가
엄마의 소망 | 과정이 중요하다

3장 물어보길 잘했다 ··· 49
(아기를 존중한다는 것은)

물어보길 잘했다 | "아하, 바로 이거구나!" | 치과에서
사랑하는 것과 존중하는 것 | 빨리 빨리 | 왜 서두르는 걸까
보살펴주어야 할 때 | 함께 놀아주어야 할 때 | 자유롭게 놀게 해줄 때
스트레스를 해소할 탈출구를 준다 | 일대일 관심은 사랑의 충전이다
감정을 표현해준다

4장 기저귀 갈자 ... 59
(양육 자체가 교육이다)

아기와 함께 | 양육 자체가 교육이다 | 기저귀 갈자
교육적 효과 | 기저귀 갈아주는 방법 | 순조롭게 진행되지 않을 때
헝겊 기저귀와 일회용 기저귀 | 기저귀 발진 | 엄마 손은 약손이다
아기 마사지하는 방법 | 마사지의 효과 | 신체적 접촉은 두뇌를 발달시킨다
세상이 흔들린다 | 왜 흔들어주는 걸까
흔들린 아기 증후군(Shaken Baby Syndrome) | 잘 자라, 우리 아가
자면서 큰다 | 자다 깨서 운다 | 수면 교육 | 처음부터 혼자 자는 습관을 들인다
수면 장애 | 문제는 문제라 생각할 때 문제가 된다

5장 한 입만 더 먹자 ... 77
(수유, 이유식, 음식 주기, 건강)

모유 수유 | 모유는 완벽한 음식이다 | 공공장소에서 수유하기
이유식 주기 | 언제 시작할까 | 이유식 주는 순서 | 젖을 깨물다
이가 나다 | 침을 흘리는 이유 | 젖을 떼다
사전 준비가 필요하다 | "꽈당" 뒤로 넘어지다 | 누구의 잘못인가 | 간식이 너무 달다
맛은 길들여진다 | 어느 음식점에서 | 아기 식탁 의자 | 음식 알레르기
아토피피부염 | 한 입만 더 먹자 | 건강한 식습관 | 5대 영양소
어린이 비만 | 병원을 바꾸다 | 아기가 보내는 신호 | 예방주사 | 미열이 난다
열이 난다는 것은 | 처방 약 남용 | 귓병 | 감기에 걸렸을 때

6장 경사 났네 ··· 105
(신체 발달, 한 성장은 다른 성장을 위한 발판)

이게 뭐야 | 전체와 부분 | 손가락은 아기의 두뇌 | 왼손을 주로 사용할 때
"의쌰 의쌰!" | 안고, 기고, 서기 | 한 성장은 다음 성장의 발판이 된다
강제로 안 하길 잘했다 | 똑바로 뉘어놓는다 | 옆집 아기 우리 아기보다 빠르다
기지 않고 걷는 아기도 있다 | 정상과 비정상 | 조금만 더
주위 환경은 안전한가 | 따로따로 | 아기가 걷기까지 | 맨발의 아기
경사 났네 | 배변 훈련 | 성기를 만진다

7장 살아 있는 밥그릇 ··· 125
(인지, 놀이, 장난감, 언어)

감각과 움직임을 통해 배운다 | 인지 발달단계 | "앗, 뜨거!"
문제가 생겼을 때 배울 기회로 삼는다 | 주방은 공부방 | 놀이를 통해 배운다
열고 잠그고 | 내가 할래 | 스스로 성취할 수 있는 시간을 준다
마그다 거버의 부모 교육 | 어떻게 배웠나 | 우리 아기의 지능은
옳지 옳지 오올치 | 가드너의 다중성 지능 | 곤지곤지 짝짜꿍
아기와 함께하는 놀이 | 전래 놀이의 의미 | 살아 있는 밥그릇
조작할 수 있는 것이 좋다 | 발달에 적합한 장난감 | 많다고 좋은 것이 아니다
생활환경 속의 장난감 | 남자아이가 인형을 가지고 논다 | 여자 장난감, 남자 장난감
TV 볼래요 | TV는 바보상자 | 좋은 교육 프로그램도 많이 보면 해가 된다
어린이 광고 | 무슨 말을 하려는 걸까 | 세계 공통 언어 옹알이 | 언어 습득
제스처 | 말을 시작하다 | 말이 늦을 때 | 언어 발달을 도와주는 방법
똑같은 책을 읽어달랜다 | 책 읽어주기 | 외국어 습득

8장 울고 싶으면 울어라 ··· 155
(정서와 애착)

기쁨 | 울고 싶으면 울어라 | 분리 불안은 12개월 때 가장 크다
육아 도우미와의 관계 | 보모의 역할 | 아빠 찾는다 | 잊어버린 게 아니다
절대 시기와 예민한 시기 | 애착 없이는 살 수 없다 | 안정된 애착
애착 대상이 없이 자랄 때 | 엄마가 입원했다 | 애착 양육
대상 물체 애착 | 자폐증

9장 다 내 것 ··· 169
(문제 해결)

이빨의 힘 | 깨무는 이유 | 깨물 것을 준다 | 아이가 없어졌다
엄마를 따라오게 하다 | 빠는 손가락을 다쳤다 | 습관 형성 | 동생을 보살펴주다
질투심을 방지하는 방법 | 한팀이 되어 | 상황이 달라졌다 | 스스로 방어할 기회
두 살 된 아이의 소유 법칙 : "다 내 것" | 같은 나이 또래와 함께하는 시간
남의 장난감을 가지려 할 때 | 선택하게 한다 | 한계를 정해준다
지키지 못할 것은 정하지 않는다 | "안 돼!"란 말은 약이 되기도 하고 독이 되기도 한다
왜 안 되는지 말해주고 대안을 준다 | 큰아이 중심 | 편애 | 분노발작
계획적인 무관심 | 칭찬할 때는 구체적으로 말해준다 | 자기 충족 예언
장난감을 던지다 | 폭발적 행동 | 체벌은 마지막 수단으로 사용해야 한다
아동 학대 | 10년 후에 우리 아이는

10장 하루 종일 뭐 했어? … 195
(엄마 혼자 키울 수 없는 아이)

신데렐라 이야기 | 시어머님이 오신대 | 어떤 옷을 입힐까
사랑하지 않아도 존중할 수 있다 | "왜 그렇게 울리니?"
"며느리 보아라." | 용서의 힘 | 할머니 할아버지의 역할 | 하루 일과
엄마와 아빠의 양육 방식이 다를 때 | "하루 종일 뭐 했어?"
엄마의 스트레스 | 산후 우울증 | 아이에게는 관대하면서
부부의 무관심이 오래가면 안 된다 | 건설적인 부부 싸움 | 돈 돈 돈
사주는 것만이 좋은 것은 아니다 | 내가 선택한 길 | 내 행복은 내가 만든다
아는 것과 모른 것의 차이 | 주어진 현실에 최선을 다할 뿐
돌이킬 수 없는 순간 | 긍정적 삶의 태도 | 감사하는 마음으로
주위 사람들과 조화를 이루며 | 한순간 순간 마음을 다하면서

"자, 떠나자!"

한 생명이 내 손에 달렸다고 생각하면
무한한 감사와 두려움이 생긴다.
싫거나 좋거나, 준비가 되었거나 안 되었거나
인생의 항해는 이미 시작되었다.
아이는 생존 본능으로 힘차게 울고 빨아댄다.
나만을 위주로 돌아가던 세상이 이제는 아이를 위한 삶이 되었다.
새근새근 평화롭게 잠자는 아이를 바라보노라면
생명을 다해 보호해주고픈 본능이 솟구친다.
사랑을 주는 데서 오는 기쁨이다.
아이를 키우는 것만큼 세상에서 더 값진 일이 있을까?
한번 지나가면 다시 오지 않을 순간이다.
사랑을 받은 아기가 사랑할 줄 안다고 했다.
"사람에게 정해진 운명이 있다 하더라도
그것을 바꿀 수 있는 단 한 가지는 사랑이다."라고 하신
어머니의 말씀이 생각난다.
아이는 엄마가 되는 것을 가르쳐주는 스승이요
미래에 세상을 이끌어 나갈 지도자며
함부로 다루어서는 안 되는 인격체이다.
뚝딱뚝딱 배는 만들어졌고
긴 항해를 위한 돛을 달 준비가 되었다.
미래에 대한 두려움과 걱정이 앞설지라도
순간순간 마음을 다하다보면 할 수 있다는 용기로,
때로 걸려 넘어지더라도 툭툭 털고 일어나 다시 시작하는 거다.
기저귀 가방과 카메라를 들고
소중한 목적의식을 갖고 자애와 온유로 무장하고
"자, 떠나자!"

1장

나는 왕이로소이다
(누가 그 고집을 꺾겠는가,
신생아 : 0~3개월)

사랑에 빠지지 않을 수 없다

꼼틀꼼틀 움직임과 얼굴 표정

누가 가르쳐주었고

어데서 배웠을까?

요리조리 아무리 보아도

신기하기 그지없다

세상에서 하나밖에 없는 보물

하늘이 내려주신 선물, 생명

아기의 아픔이 엄마의 아픔이고

아기의 기쁨이 엄마의 기쁨이다

무슨 일이 있더라도

아기를 보살펴주고 보호해줄 거다

고슴도치도 자기 자식은 귀엽다

엄마는 우리 아기가 최고로 예쁘고 귀엽고 소중하다는 착각에 빠진다. 그래서 잠도 못 자 가며 종일토록 아기를 보살펴줄 수 있는 힘이 생기며, 어떤 것을 감수하고서라도 아기를 보호해주고 싶은 본능이 생긴다. 때문에 아름다운 사랑, 즉 상대방을 위해 자신을 희생하는 것이 아닐까?

아기 또한 엄마에게 의지하도록 감각적으로 프로그램되어 있다. 생후 며칠이 된 아기는 엄마의 냄새를 구별하는데, 빠른 경우 이틀이면 어두움 속에서도 엄마 쪽으로 고개를 돌린다. 특히나 엄마의 목소리 듣는 것을 좋아하는데, 배 속에 있을 때부터 익숙한 소리이니 당연한 일이다(태아가 6개월이 되면 청각이 발달한다.).

이러한 엄마의 보호 본능과 아기의 애착 본능은 아기가 생존하는 데에 필수 요건으로 부모-자녀 간의 상호작용 형성에 필수적인 역할을 한다.

개미야, 미안하다

누워 있는 아기 곁에

자세히 보니 작은 개미가 보였다

눈을 크고 뜨고 보니

한두 마리가 아니라

줄줄이 벽을 타고 아기 침대로

넘나들고 있었다

어떻게 냄새를 맡고

무엇이 먹을 게 있다고

어디라고 여기까지 침범하는가

우리 아기 깨물까 생각하니

이성을 잃었다

순식간에 다 없애버렸다

개미야, 미안하다

너도 살려고 한 일이지만

입장이 바뀌면

너도 그렇게 하리라

여자는 약해도 엄마는 강하다

집 안에 벌레 한 마리가 돌아다녀도 무섭다고 징그럽다고 소리를 지르고 도망치곤 하지만 엄마가 되면 놀랍게 변한다. 아기를 보호해주고 싶은 충동이 솟구치고 어떤 무서움과 두려움에도 대항할 힘이 생긴다. 이런 보호 본능이 종족 보존을 위해 프로그램되어 있기 때문에 새끼를 낳은 동물 어미한테 가까이 가면 위험하다. 자식을 잡아먹는 동물이 없다지만 예외로 햄스터는 먹이가 부족하다고 느끼면 자기 새끼를 잡아먹는다고 하는데, 이조차 종을 보호하려는 것이라 한다.

가끔 버려진 아기에 대한 기사를 본다. 자식을 어떻게 버릴까를 생각하면 비정해 보이지만, 상황이 얼마나 힘들고 두려웠으면 그랬을까 하는 생각도 든다. 사춘기 소녀나 미혼모가 출산을 하면 자신을 보호하려는 본능 때문에 위험할 수도 있으니 주위의 각별한 보호와 도움, 배려가 필요하다.

누가 가르쳐주었나

빠꼼이 눈을 뜨고 두리번거린다

무엇이 보일까, 무슨 생각을 할까

하품하고 트림하고 방귀도 뀐다

응가 하려나

얼굴이 빨개지며 힘을 준다

눈을 감은 채

찡그리고 미소 짓고 소리 내 웃는다

무슨 꿈을 꾸는 걸까

누구와 대화하는 걸까

반사적 행동의 힘

아기는 무기력해 보이지만 바깥세상에 적응하여 살아갈 수 있는 무궁한 잠재력이 있고, 성장하는 데 필요한 이미 조립된 능력을 갖고 태어난다. 반사적으로 코로 숨을 쉬고, 배가 고프면 울고, 물체가 입가에 닿으면 빨고 손바닥에 닿으면 꽉 쥔다. 아래로 떨어진다고 느끼면 팔 그리고 손과 다리를 쫙 폈다가 다시 오므린다(모로 반사 moro reflex). 이런 행동은 엄마의 품에 매달리려는 생존 본능에서 나오는 거라고 한다. 또한 아기의 몸을 지탱하여 발바닥을 바닥에 닿게 하면 마치 걷는 것처럼 발을 차례로 떼었다 디뎠다 하는데, 이것은 나중에 걸을 수 있도록 이미 신경이 연결되어 있는 것이다. 만약에 그렇지 않다면 발 떼는 것만 배우다 한세상 다 갈 것이다.

이런 반사적 행동은 아기의 건강과 발달 상태를 알려주는 중요한 역할을 하며 다음 단계 발달에 디딤돌이 된다. 1달이 지나면 반사적 행동은 차츰 사라지며 팔과 다리를 의지대로 움직인다.

수영하는 신생아

3개월 이전의 아기를 물속에 넣으면 놀라지 않고, 물도 들이마시지 않으며, 눈을 뜬 채 물 위로 뜨며, 손발을 움직인다. 이 행동은, 엄마의 양수 속에서 9개월 동안 있었기에 물과 친숙하다고는 하지만 좁은 공간에서 움직이지 못했을 것이므로 신비 그 자체로 남아 있다.

수영 반사 행동은 3개월 정도가 되면 없어지므로 다시 배워야 한다. 그런데 아기가 수영한다고 해서 물속에 넣는 것은 아주 위험하므로 특별히 조심해야 한다. 아기는 얕은 물에서도 쉽게 익사할 수 있을 뿐만 아니라 물의 온도에 예민하고, 수영장 물은 화학약품이 들어 있어 아기에게 적합하지 않을 수 있다.

천장에 얼굴을 그려 붙여주다

아기를 뉘어놓으니

말똥말똥 천장을 바라본다

시선을 따라가보니

아무것도 없는 하얀 공간이다

무엇인가 있었으면 좋겠다

사람 얼굴을 제일 좋아한다기에

하얀 도화지에 까만 매직으로

둥근 얼굴을,

이왕이면 비교도 하라고

세모 네모도 그리고

행복한 아기가 되라고

웃는 모습을 그렸다

무슨 말을 하는지 알 수 없지만

새로 만난 그림 친구와

바둥바둥 손짓 발짓 해 가며

옹알옹알 정담을 나눈다

아기의 시력

신생아는 사람 얼굴을 제일 좋아하는데, 가장 잘 볼 수 있는 거리는 엄마가 수유하거나 기저귀를 갈아줄 때의 거리라고 한다. 색상을 구별하고 성인 시력이 될 때까지는 3개월이 되어야 한다고 한다. 이런 것을 볼 때 아기는 보살펴주는 사람의 얼굴을 익히게 되어 있는 거다. 주위에서 들리는 다양한 소리 또는 눈에 들어오는 빛 등에 익숙해지는 것만으로도 충분한 자극이 되므로 이 시기에 필요한 것은 장난감이 아니라 엄마의 사랑이다. 무엇인가 해주어야 한다는 부담감에서 벗어나 아기가 세상에 나온 것을 축하하고 감사하며 서로에게 적응하는 시간을 갖는다.

울음보 터졌다

천사 같던 아기

갑자기 울음보 터졌다

빽빽 소프라노 불협화음

쨍그랑 깨지는 유리창

어미의 가슴을 저미는 소리

참을 수 없다

누가 그대를 약한 존재라 했는가

무슨 일로 우시는가

얼러주고 젖 주고

기저기 갈아주고

휴~, 한차례 폭풍우 지나갔다

언제 울었더냐 방긋 웃는다

울음은 의사소통

아기가 울어서 기쁜 것은 출산할 때뿐이라고 한다. 첫울음은 환경의 급격한 변화에 쇼크를 받아서 우는 것이지만, 허파가 건강하게 작동한다는 증거도 되므로 울음소리가 우렁차면 그만큼 부모에게 희망을 주기 때문이다.

울음은 말로 의사소통이 되기 전 불편하다는 것을 알리는 것이므로 세상과 연결시켜주는 아기의 생명줄이다. 배가 고파서, 어디가 아파서, 배에 가스가 차거나 기저귀가 젖어서, 환경으로부터 자극이 너무 심해서 또는 없어서,

놀라서, 안아달라고, 잠투정하느라 운다. 엄마들은 아기의 울음소리를 들으면 왜 우는 것인지 직감적으로 아는 것 같다.

천재가 아닐까

주방에서 일을 하다

아기의 울음소리에

달려가는 동안 조용해졌다

아직 두 달도 안 되었는데

벌써 엄마가 온다는 것을 알았을까

혹시 천재가 아닌가 싶었다

가까이 가서 보자

아기는 눈을 감은 채

주먹을 입에 넣고 빨고 있었다

엄마 소리에 기뻐서가 아니라

주먹이 입에서 빠지자

다시 세차게 울었다

그러면 그렇지

신속하게 반응해주는 것이 좋다

아기의 울음에 어떻게 반응하는가는 아기가 세상에 대한 개념을 형성하는 데 중요한 역할을 할 것이다. 아기의 울음이 지속적으로 무시되거나 불규칙하게 반응하면 아기는 불안감이 생기거나 부정적 감정이 싹틀 것이고, 반대로 신속하게 그리고 규칙적으로 반응해줄 때 아기는 엄마에 대한 신뢰가 생기고 나아가서는 울음 횟수도 적어지며 엄마가 반응해줄 때 금방 그친다고 한다. 3개월이 지나면 울음 수가 줄어들고 눈물샘이 발달하여 눈물도 나온다고 한다.

지쳐 잠이 들지언정

2개월째 되던 날
출산 후 처음 아기와 떨어지는 날이다
두 시간마다 모유를 주어야 하는데
적어도 네 시간은 떨어져 있어야 한다
남편에게 아기를 맡기고
분유를 준비해놓았다
시간이 되자

젖이 불어 가슴이 뻐근하고

새어 나와 옷에 얼룩이 진다

이만저만 불편한 것이 아니다

부랴부랴 일이 끝나기가 무섭게

집으로 뛰어왔다

뜻밖에도 집 안이 고요했다

남편은 소파에 앉아 있었고

아기는 품에 엎드려 자고 있었다

안도의 숨을 쉬는 순간

남편은 사색이 되어 말한다

아기는 끝내 젖병을 빨지 않았다고

울다 울다 지쳐 잠이 든 거라고

누가 그 고집을 꺾겠는가

입에 닿는 대로 그리고 배가 고프면 가리지 않고 빨아 먹는 것이 본능일진대 2개월이 되자 이미 좋아하는 것이 결정되었다. 울다 지쳐 잠이 들지언정 젖병을 빨지 않았다는 건 놀라운 사실이다. 두어 번 빨다가 단호하게 고개를 돌리며 명확하게 의사 표현을 했다. 물론 몇 차례 굶다보면 변할지 모르겠지만, 한 끼만 굶어도 큰일 날 것 같은 것이 엄마의 마음이다. 쉽게 적응하는 아기도 있겠지만, 그렇지 않은 경우를 대비해 엄마가 직장에 나가거나 아기와 떨어져 있어야 할 경우 젖병에 익숙해지도록 처음부터 번갈아주면 좋을 것 같다.

달래도 달래도 계속 운다

하루 종일 잘 지내다, 땡!

혹시나 했지만 역시나

오후 시간이 되니 칭얼거리기 시작한다

온몸에 신경이 곤두서고 진땀이 난다

왜 이렇게 우니 하고 짜증을 낼라치면

더 심하게 운다

엄마는 어떻게 하라고?

콜릭(Colic) 아기

신생아가 1~2개월 정도 되었을 때 그치지 않고 계속 보채거나 우는 경우가 있다. 우는 정도나 강도가 다르지만 적어도 하루에 계속해서 두어 시간을 3주 이상 계속 울면 '콜릭'이라고 하는데, 10명 중 1명 정도 걸린다고 한다. 그때를 지나고서 아기가 콜릭이었다는 것을 알았다. 안아주면 그치는 듯 하다가 내려놓거나 "왜 이렇게 우니?" 하며 짜증을 내면 더 크게 울었다.

콜릭의 원인은 확실하게 밝혀지지 않았지만, 신경조직 발달 과정에서 일어나는 현상이라고 한다. 콜릭은 안아주고 업어주는 등 아기와 신체적 접촉이 많은 동양이나 아프리카에서는 드물게 일어나고, 신체 접촉이 적은 서양 생활 방식에서 많이 나타난다고 한다. 이런 점으로 볼 때 콜릭은 아기가 엄마와 가까이하여 생존하려는 하나의 수단일 수도 있다.

다행히도 콜릭은 아기에게 장기적인 영향은 미치지 않는다고 한다. 콜릭은 지나가는 과정이라고 하지만, 달래도 그치지 않으면 엄마의 인내는 시험대에 오른다. 새로운 생활에 적응하느라 신체적으로 피곤한데 주위에서 도와주는 사람은 없고 아기마저 그치지 않고 울면 엄마는 자신감을 잃고 짜증도 날 수 있다. 엄마가 행복해야 그 에너지가 아기에게도 전달된다. 아기를 조금 울린다고 해서 큰일 나는 것은 아니므로 여유를 갖고 최선을 다하다보면 어느새 그 시기가 지나갈 것이다.

물소리에 조용해지다

이래도 저래도 보내야 할 시간

하던 일 모두 멈추고 목욕탕에 물 받는다

물소리에 울음을 멈춘다

서두를 것이 무엇이랴

울지만 말아라

준비하는 데 삼십 분 끝내는 데 삼십 분

천천히 하면 할수록 좋은 것

늘리면 늘릴수록 좋은 것

머리부터 하나 둘 씻기어주니

조심스레 눈을 뜨고 둘러본다

아기 달래기

　아기를 어떻게 달랬는지, 아기 키운 엄마들한테 물어보면 각기 경험이 있을 것이다. 시행착오를 거치다보면 아기에 맞는 방법이 있을 것이다. 태아는 엄마 배 속에 있으면서 심장 뛰는 소리 등 몸 안의 소리에 익숙하므로 가슴 위에 올려놓고 심장 소리를 들려주면 안정되고 쉽게 잠이 든다. 고무젖꼭지를 주기, 흔들어주거나 노래를 들려주는 것도 다 같은 맥락이다. 차에 태워 드라이브를 한다거나 업어주거나 유모차에 태워 밖에 나가 산책하는 것도 방법이다. 입에 물을 넣고 가글하는 소리를 들려주면 울음을 그치는데, 그것은 가글 소리가 태중에서 듣던 소리와 주파수가 비슷하여 아기가 안정감을 느끼기 때문이라고 한다.

고무젖꼭지의 사용

갓난아기에게 고무젖꼭지는 안정시키는 역할을 한다. 빠는 행동의 60~90%가 수유와는 관계없는 것이라고 한다. 빨면서 영양을 취할 때 얻는 즐거움이 연상되어 안정을 찾는다. 2주에서 2달 사이에 병원을 방문한 아기에게 주사를 맞힌 후 고무젖꼭지를 물려주었을 때 울음을 빨리 그쳤고 심장 박동 수도 정상으로 돌아왔다고 한다.

이유 없이 울고 보챌 때 고무젖꼭지를 물려주어 진정시킬 수 있다면 그렇게 하지만, 아기들이 다 좋아하는 것은 아니다. 3개월이 되면 아기도 약간의 스트레스를 견딜 수 있고 울음 수가 줄어든다. 필요 이상 계속 고무젖꼭지에 의존하면 습관화될 수 있으므로 서서히 줄여준다.

숨을 쉬나, 안 쉬나

깰 때가 되었는데 조용하다

방문을 빠끔히 열고 들여다본다

고요하다

아무 소리도 안 들린다

움직이지도 않는다

혹시나 하고 가슴이 덜컹 내려앉는다

바짝 다가가 자세히 들여다본다

가슴이 볼록볼록

새록새록 숨소리가 들린다

휴~, 순간 깜짝 놀랐다

돌연사 증후군(Sudden Infant Death Syndrome)

건강한 아기가 갑자기 죽는다면 세상이 멈출 것이다. 돌연사는 아기가 호흡을 멈추거나 호흡이 막혀 일어난다. 2~3개월에 가장 많고 12개월까지도 일어나며, 그 이유는 모르지만 가을이나 겨울에 많이 일어난다고 한다.

아기가 고개를 가누지 못할 때 엎드려 재우면 숨이 막힐 수 있다. 미국에서 아기를 똑바로 눕혀 재우자는 홍보를 시작한 후 돌연사의 확률이 1,000명당 4.2명에서 0.7명으로 줄었다고 한다. 아기를 누일 때는 천장으로 얼굴을 향하게 하여 똑바로 누이는 것이 가장 좋다고 한다. 똑바로 누이면 고개도 돌리고 손과 발을 움직일 수 있으므로 따로 운동이 필요 없다.

아기를 이불로 너무 감싸도 질식할 수 있다. 침구는 너무 푹신한 것을 피하고 이불도 너무 두껍게 덮어주지 말아야 한다. 아기가 숨을 안 쉴 때 살짝 건드려주기만 해도 다시 쉰다고 한다. 또한 어른들의 숨소리를 들으며 그 리듬을 배우므로 같이 자는 것이 좋다고도 한다. 그런데 같이 자는 것은 좋으나 만에 하나 엄마한테 눌려 질식할 수도 있으므로 주의해야 한다. 온돌방인 경우 쉽게 이부자리를 따로 준비하면 되겠지만, 침대를 사용할 경우 아기

침대를 엄마 침대 곁에 두다가 밤에 자기 시작하면 아기 침대를 아기방에 옮겨주는 것도 한 방법이다.

백일 사진

통통 살이 쪄 오르고
방긋방긋 웃는 아기

액운을 막으라고 수수팥떡 해놓고
깨끗하게 자라라고 백설기 해놓고
일가친척 모여 축하해주고
건강을 기원해준다

까꿍까꿍
얼래주고 달래주고
업어주고 안아주고
누구누구 닮았을까
커서는 무엇이 될까

찰깍찰깍

엄마는 아기를

아기는 엄마를

백일 인증 사진 찍는다

한팀이 되어

바깥세상 나아갈

자리매김을 한다

백일의 의미

　백일을 기념하는 것은 과학적인 근거가 있다. 3개월은 아기 발달에 획기적인 전환점이다. 반사적으로 하던 행동을 의지대로 할 수 있다. 눈이 마주치면 웃고, 물체를 잡으려고 손을 뻗치며, 밤에 자는 시간이 길어진다. 3개월 정도가 되면 엄마도 아기도 건강을 회복하고 서로를 알게 되어 생활에 리듬과 여유가 생긴다.

　우리나라의 경우 옛날에는 백일이 되기 전에 아기가 사망하는 경우가 많아 백일을 넘기면 살았다는 것을 축하하고 안도하기 위해 백일잔치가 시작되었다고 한다. 또한 100이란 완전한 숫자이며, 사람의 모습으로 되었다는 의미가 있고, 아기를 잉태하면서 백일까지를 세면 365일 1년으로 만 1세가 되므로 우리 조상들은 태아를 사람으로 인정했다는 의미도 있다는데, 이를 통해 우리 조상의 현명함을 엿볼 수 있다.

2장

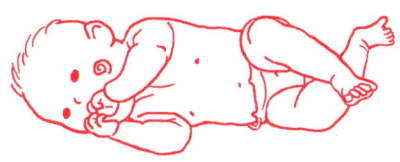

맞춤 양육
(영유아기의 중요성)

영유아기의 중요성

멋진 도자기를 굽기 위해서는 처음에 반죽이 잘되어야 하듯 건강한 성장 발달을 위해서는 어린 시절, 특히 영유아 시절이 중요하다. 화초가 햇살을 향해 고개를 돌리고 때가 되면 꽃이 피도록 프로그램되어 있듯이 인간도 그러하다.

두뇌 발달

두뇌는 4개월에서 2년까지 급속도로 증가하며, 만 2세가 되면 아기의 뇌 무게는 어른의 75%, 5살이 되면 90%가 된다고 한다. 부지기수로 많고 작은 신경들이 자극을 받아 제 역할을 하므로 우리가 보고 듣고 말하고 생각할 수 있는 것이다. 뇌 신경에는 정보를 저장하는 2,000억여 개나 되는 신경세포(neuron)가 있는데, 태어날 때 이미 결정된다고 한다. 뇌가 커진다는 것은 이 신경세포 연결을 도와주는 세포가 많아진다는 것이다.

자극받지 않는 신경세포는 없어진다. 신경세포는 액손(Axon)이라는 신경 돌기를 뻗어 다른 신경세포와 시냅스라는 공간 사이로 정보를 주고받는다. 각 신경세포에는 2,500개 정도의 시냅스가 있고 2살이 되면 1만 2,000개로 늘어난다고 한다. 이것은 성인보다 많은데, 성인의 경우 자극을 받지 않는 것은 약해져 결국 없어지기 때문이라고 한다.

집중은 신경 회로에 자극을 준다

시냅스를 통해 받은 신호는 신경돌기를 통해 신경세포로 전달되는데, 이 신경세포를 보호막 세포(말이집, myelin sheath)가 둘러싸고 있다. 이것이 잘 발달해야 정보가 다른 데로 새지 않고 신속하게 전달된다. 흥미롭고 재미있으면 아기는 집중한다. 이때 뇌 신경을 자극시켜 정보 연결을 효율적으로 하게 만들어준다.

긍정적·부정적 경험과 호르몬

신체적 접촉 및 성취감 같은 긍정적인 경험을 많이 하면 뇌 신경 연결 회로를 자극하여 기쁨과 즐거움을 주는 도파민(자연 각성제)이란 호르몬을 분비하는데, 뇌가 이것을 기억하여 계속 그쪽 방향으로 추구하려고 한다. 이러한 호르몬은 지능 발달을 도와주고, 삶의 활력과 적극적이고 안정된 정서 발달, 사회성을 키워준다고 한다. 엄마와 떨어졌다 만나면 뇌에서 엄마와 즐거운 시간을 기억하여 도파민이 분비되어 기쁜 것이다.

반대로 계속해서 좌절하거나 심한 스트레스를 받으면 코티코트리핀이라는 호르몬이 분비되는데, 이는 호기심을 일으키게 하는 신경 전달 회로에 혼란을 주어 정상적으로 기쁨을 얻지 못하므로 발달에 장애를 가져오거나 다른 문제적 행동을 일으킨다고 한다. 다행히도 영아기 동안 사랑을 받고 자란 아기들은 나중에 스트레스를 받아도 많은 양의 부정적 호르몬이 생산되지 않는다고 한다.

영유아기 때 완성되는 감성 기억의 뇌

뇌는 원초적인 뇌(뇌간), 감성 기억의 뇌(소뇌) 그리고 이성의 뇌(대뇌) 3개로 구분된다.

원초적인 뇌는 심장을 뛰게 하고 체온을 조절하고 배고프거나 졸린 것을 알려주는 뇌로 기본 생명을 유지해주며 태어나면서 이미 완성된다고 한다.

감성 기억의 뇌는 출생 후부터 시작하여 3년 안에 발달·완성되는데, 이것을 바탕으로 지능과 생각을 담당하는 이성의 뇌가 발달한다고 한다. 어느 연구에서는 어릴 적에 자유롭게 많이 논 아기의 뇌는 그렇지 못한 아기보다 더 컸으며 학령기에 공부도 잘했다고 한다.

엄마의 신속하고 효율적이고 규칙적인 양육을 통해 세상이 믿고 신뢰할 수 있는 곳이란 것이 컴퓨터 작동 프로그램처럼 뇌에 영구적으로 입력되어 아기가 세상을 살아가는 바탕이 된다. 긍정적 경험을 많이 하면 자긍심·자부심이 생겨 능동적으로 탐구하고 주위 환경에 호기심을 불러일으키지만, 부정적 경험은 실망·좌절·분노와 같은 감정을 느끼게 하여 포기하거나 저항하거나 폭력적인 행동을 보일 수 있다.

사고와 이성을 담당하는 대뇌

뇌는 머리 앞쪽에 있고, 뇌의 80%를 차지하는 좌반구(논리적·분석적·수학적 사고)와 우반구(예술적·창조적·직관적 사고)로 나뉘어 있다. 대뇌는 이마 쪽에서부터 전두엽(기억력·사고력), 중간에 두정엽(감각 신호), 뒤통수 쪽에 측두엽(청각 처리)과 후두엽(시각 정보)으로 나뉜다.

대뇌는, 남자 아기와 여자 아기의 뇌를 비교한 결과 여자 아기는 대뇌가 양쪽이 대칭이고 남자 아기는 좌반구가 조금 더 큰 경향이 있다고 한다. 이것은 태아가 3개월이 되면 남녀 성별이 구별되는데, 이때 남자는 테스토테론이라는 남성 호르몬이 분비되어 뇌에 영향을 미치고 26주가 되면 차이가 난다고 한다.

신뢰와 자신감을 배운다

인간의 발달을 8단계로 나눈 사회심리학자 에릭슨은 생후 1년이 되면 엄마의 신속하고 일관성 있고 지속적인 반응을 통해 '세상은 믿을 만한 곳이다'라고 하는 신뢰와 희망을 갖게 되지만, 그렇지 않으면 세상에 대한 불신감 또는 불안감이 생긴다고 했다.

2~3세가 되면 엄마의 적절한 도움과 격려로 '할 수 있다'라는 자율감이 형성된다. 과잉보호나 부적절한 도움은 의지력을 약화시키고, 지나친 억제는 수치심과 고집 또는 분노를 낳으며 자신의 능력을 의심하게 만든다.

4~5세가 되면 아이의 창작력이 활발해지는데 주위 환경을 탐색하고 자유롭게 놀게 해주면 주도성이 형성되고, 부모의 지나친 통제 또는 질타나 조롱은 질투 혹은 죄책감을 갖게 만든다.

내적 기쁨은 동기를 유발시킨다

정신분석학자 프로이트는 내적인 기쁨은 행동의 동기를 유발시키는데 1년이 되기까지는 입을 통해(구강기), 2년이 되면 배변을 통해(항문기) 기쁨을 얻는다고 말했다. 지나치게 만족하게 하거나 좌절하게 하는 것 그리고 무관심 또는 과잉보호나 억제는 이후 성격 형성에 영향을 준다. 극단적인 것보다 적당한 것이 좋다. 어릴 때 억압, 즉 정신적 충격(트라우마, trauma)을 받으면 마음에 병이 되어 이후에 분노 또는 다른 문제 행동으로 나타난다고 한다. 부모의 간섭으로부터 벗어난 자유 놀이는 누적된 스트레스를 풀어주므로 정신 건강에 좋다.

아기가 울면 배울 수 없다

심리학자 매슬로(Maslow)는 인간 욕구를 5단계로 구분하였다. 기본욕구이자 가장 강한 욕구는 먹고 자는 것과 같은 안전과 생존에 관한 욕구이다. 이 욕구가 충족되면 누구에겐가 속하고 싶거나 인정받고 사랑받고 싶은 욕구가 생긴다. 그다음에는 자신에 대한 자긍심이고, 끝으로 자아실현의 욕구가 생긴다고 했다. 아기에게 사랑은 생존하기 위한 필수적 요건이며, 이것이 충족되어야 하고자 하는 호기심이 생기고 탐구할 것이다. 기본욕구가 충족되지 않으면 그것을 충족하기 위하여 에너지를 다 써 배울 수 없다는 것이다.

서로 다르다

큰아이 활동적이고 작은아이 느긋하다

먹는 것도 다르다

큰아이 까다롭다 눈에 익은 것만 먹는다

작은아이 아무거나 잘 먹는다

먹고 싶은 것이 있으면

큰아이 먹어도 되냐고 물어본다

한 개만 먹으라면 한 개를 꺼내 먹는다

작은아이 먹어도 되냐는 것은

먹겠다고 보고하는 것이다

봉지째 가져다 먹는다

잠버릇도 다르다

큰아이 일찍 자고 일찍 일어난다

작은아이 자다 깨서 운다

순한 아기, 까다로운 아기, 반응이 느린 아기

정신과 의사인 토머스와 체스는 아기는 타고나는 기질이 있는데, 순한 아이와 까다로운 아이 그리고 반응이 느린 아이로 구별할 수 있다고 하였다.

40% 정도의 아기가 순하고 잘 자고 잘 놀고 잘 먹고 새로운 환경에 잘 적응한다고 하며 이후 커서도 지속된다고 했다. 하지만 35% 정도는 어느 분류에도 속하지 않는데, 상황에 따라 순할 수도 있고 까다로울 수도 있다고 했다. 신체적으로 자극을 받았을 때 심장이 뛰는 정도가 다르고 활동의 강약이나 다른 사람들과 함께하는 것을 좋아하는 정도가 다 다르다. 그 외 두려움과 회피의 정도, 좌절의 정도, 집중하고 끈기의 정도가 아기마다 다르다. 카드놀이를 하기 전 배당받은 것을 잘 관찰해야 하듯이 아기의 기질이 어떤지 잘 관찰해야 그에 맞는 양육을 할 수 있다.

맞춤 양육

환경의 변화, 경험, 아이의 타고난 성질에 따라 엄마의 양육 방법이 달라진다. 엄마가 아기에게 영향을 주지만 아기의 타고난 성질 또한 엄마에게 영향을 미친다. 아이의 성격이 엄마와 잘 맞으면 좋겠지만(조화의 적합성) 그렇지 않을 수도 있다. 일반적으로 잘 자고 먹고 노는 순한 아기는 키우기가 쉽겠지만, 작은 소리에 깨고 자주 보채거나 조금도 가만히 있지 않고 활동적이거나 고집이 세고 다루기 힘든 아이는 특별한 대책이 필요하다.

물을 많이 주어야 하는 화초도 있고 물을 많이 주면 안 되는 것도 있다. 아이의 성질은 바꿀 수 없지만, 엄마가 아이에 맞추어 장점을 살려 조화롭게 맞추어 나간다면 부정적인 것도 긍정적으로 바꿀 수 있다.

순한 아이는 잘 먹고 잘 자고 말도 고분고분 잘 듣는다. 이런 아기는 키우기는 쉽지만 부모로부터 쉽게 영향을 많이 받는다. 자극에 예민하고 야단을 치면 스트레스를 많이 받아 소심한 아이가 될 수 있다.

까다로운 아이는 적응을 잘 못 하고 보채거나 고집이 세다. 이런 아이들은 행동을 억제하면 더 저항하거나 반항할 수 있으므로 스스로 하도록 놔두고, 차분한 환경을 만들어주며, 부드럽고 다정하게 대해주면 협조적이고 개성이 있는 성격으로 성장할 수 있다.

반응이 느린 아이는 적응이 느리지만 한번 적응하면 꾸준하다. 아이가 느리다고 부모가 서두르면 자신감이 없어지므로 인내심을 갖고 시간을 기다려주는 것이 필요하다. 전화위복이란 말이 있듯이 좋은 것 같지만 나쁘게 될 수도 있고, 나쁜 것 같지만 좋게 될 수도 있다.

어떤 성질에도 장단점은 다 있다. 일일이 간섭하고 대립하고 안 되는 것을 고치려고 하는 데 에너지를 쏟기보다는 타고난 성질을 인정해주고 장점을 살려주는 데 중점을 두는 것이 서로에게 좋다. "세 살 적 버릇이 여든까지 간다."는 말이 있다. 영아기 동안 아기의 기질에 맞추어 조화를 이루는 맞춤 양육을 한다면 아기가 말을 잘 들을 뿐만 아니라 아기의 재능을 충분히 살려줄 수 있다.

지적 지능과 감성 지능(IQ와 EQ)

아무리 지능이 높아 공부를 잘해도 대인 관계를 잘 못 하고 사회에 적응하지 못하면 행복하지 못하다. IQ는 수리·언어·시각과 관련된 지능으로 공부를 잘할 수 있는 지능이고, EQ는 자신의 감정을 조절하고 적절하게 표현하며 다른 사람의 입장을 잘 이해하고 잘 적응하는 사회성 지능이다. EQ가 높다는 것은 책임감과 인내심이 강하다는 말로 이는 훌륭한 지도자의 특성이다. EQ가 낮으면 자신을 통제하는 힘이 부족하고 화를 잘 낸다.

EQ는 다른 사람이 아픈 것에 대한 동정심이 생기는 것이 처음 시작이고, 그 뿌리는 영아기 때 처음 엄마와 아기의 관계에서 시작된다. 엄마의 일관성 있고 따뜻한 보살핌으로 안정된 애착이 형성되면 사람과 세상에 대한 신뢰심이 생긴다. 이것을 바탕으로 부모가 명랑하고 친절하게 사람들과 잘 어울리고, 아기의 감정을 인정해주고 잘 놀아준다면 아기도 그것을 배울 것이다.

세상을 품은 엄마

자그마한 엄마

가슴에는 큰 아기를

등에는 아기만 한 가방을

메었지만 무겁지 않다

가진 것은 없지만

세상 부럽지 않다

토닥이는 손길에는

황소라도 막아낼

신비한 힘이 담겨 있고

바라보는 눈길에는

하늘만큼 기쁨이 담겨 있다

왜 안 그렇겠는가

세상 품었는데

희망을 가졌는데

왜 잘 키우고 싶은가

일을 할 때 목표나 방향을 세우면 잘 성취할 수 있듯이 어떤 아이로 키우고 싶은지 생각해볼 필요가 있다. 아기를 키우는 데 무엇이 중요한가? 건강한 아이, 영특한 아이, 행복한 아이, 능동적인 아이, 자신감 있는 아이 등등 이 모든 것이 엄마의 바람이다. 말 잘 듣고 공부 잘하고 성격 좋고 친구와 잘 어울려 놀았으면 좋겠다. 만약에 그 기대에 미치지 못한다면? 먼 훗날, 좋은 대학에 가서 좋은 직장을 잡아 독립해서 잘살았으면 좋겠다. 그다음은? 엄마의 기대에 어긋난다면? 아이가 행복했으면 좋겠다. 하지만 그것이 진정 아이를 위해서인가? 엄마 스스로 대답해볼 문제다.

엄마의 소망

아기와 함께하는 시간

재미있지만 지치기도 한다. 하지만

다시 돌아오지 않을 순간들이기에

후회 없이 모든 것을 다 주고 싶다

꿈과 희망을 품고

사리를 분별할 줄 알고

남을 배려할 줄도 알고

공부도 잘하고 인성도 좋았으면 좋겠다

또래들과 잘 어울리며

진실된 삶을 추구하고

기쁘게 살아가는 사람이 되었으면 좋겠다

끌려가는 삶이 아니라

이끌어 가는 삶을 살았으면 좋겠다

옳다고 생각하는 것을 할 수 있는

자유인이 되었으면 좋겠다

과정이 중요하다

아기를 키우는 것은 과정이다. 과정이 쌓이다보면 어느덧 원하던 그곳에 도달해 있을 것이다. 산행하는 사람이 정상만 생각하고 걸으면 너무 멀고 힘이 들 뿐만 아니라 정상에 다다르면 내려갈 걱정을 한다. 하지만 걸음걸음이 정상이고 다시는 돌아오지 않는 순간이라고 생각하면 세상이 달리 보인다. 때론 자그마한 것에서 감사하는 마음과 즐거움을 찾을 수 있다. 혹여 정상에 도달하지 못한다 하더라도 후회하지 않을 것이다.

아기가 생각대로 잘 컸으면 얼마나 좋겠냐마는 아기 나름대로 타고난 개성, 계획된 것이 있을 수 있다. 엄마 입장에서 기대치를 세우기보다는 아기 입장에 서보고, 아기를 존중해주고, 일관성 있게 그리고 신념을 갖고 키워야 한다. 어떤 결정을 내릴 때 진정 아기를 위한 것인지, 엄마를 위한 것인지 그리고 순간적인지, 미래지향적인지를 생각해보면 지혜가 떠오를 것이다.

아무리 어렵고 힘들게 생각하는 것도 다 지나간다. 부족한 것을 보면 한도 없다. 반대로 가진 것을 보면 너무도 많다. 가끔 우리 아이는 왜 이럴까보다 우리 아이는 그래 하고 인정해주면 마음의 평화를 찾을 수 있다. 엄마가 행복하면 아기도 행복하다. 아이만 잘 크기를 바라는 것보다 엄마가 아기와 함께 성장해야 한다. 최선을 다하고 결과는 하늘에 맡긴다는 마음으로 집착할 때는 하더라도 놓아줄 때는 놓아주는 것이 엄마의 도리를 다하는 것이 아닐까.

3장

물어보길 잘했다
(아기를 존중한다는 것은)

물어보길 잘했다

"안아줘도 돼?"

"싫어."

당연히 좋다고 할 줄 알았는데 싫다고 하니 뜻하지 않은 대답에 놀랐다. 그날은 마그다 거버 여사의 '아이를 존중해서 아이답게 키우기'란 세미나에 참석한 날이다. 아빠와 함께 마중 나와 반갑게 맞아주는 3살 된 아이를 안아주려고 하다가 그냥 한번 물어본 건데 그런 답이 나올 줄 몰랐다. 평상시 생각도 없이 안아주었는데 아이가 싫어하리라고는 상상도 못 했다. 엄마의 입장에서만 생각했던 거다. 미안한 마음과 거절당하는 쓸쓸한 마음이 교차했다. 차 안에서 아이한테 다시 물었다. "엄마가 안아주고 싶은데." 하자 그제야 안기었다. 왜 싫다고 했냐고 묻자 사람이 많아서 그랬다는 거였다. 아이는 어느새 관중을 의식할 만큼 성장했던 거다. 물어보기를 참 잘했다.

"아하, 바로 이거구나!"

마그다 거버 여사의 세미나를 듣고 "아하, 바로 이거구나!" 하는 생각이 들었다. 아무리 어린아이에 대해 많이 알고 다룰지라도 '아기를 존중하는 것'이 결여되면 밑 빠진 항아리다. 그 이후 그녀가 사는 LA 할리우드에 가서 함께 기거하며 3주 동안 사사받았다.

아이의 감정은 어떨까 하고 아이의 입장에서 생각해보면 어떻게 대해주고 반응해야 할지 답이 나온다. 상대방에게 도움을 줄 때 무엇인가 해주는 것이 상대방에게 도움이 될 수도 있지만, 때로는 해주지 않는 것이 오히려 좋을 수도 있다. 어린아이는 빠르게 성장하지만 스스로 표현이 부족하므로 엄마 생각대로 행동하기 이전에 상황을 지켜보고 관찰하면 적절한 지혜가 떠오를 것이다.

치과에서

하얀 불빛 아래

입을 벌리고 있었다

마취되어 아픔은 느끼지 못했지만

천근만근 짓눌리는 느낌과

바위 깨는 듯한 소리에

잔뜩 겁을 먹고 있었다

작업하는 의사와 간호사는

환자가 알아듣지 못한다고 생각했는지

그날 먹은 점심에서부터 시작하여

환자와는 전혀 무관한

잡담과 농담을 하는 거였다

물건 취급 당하는 것 같아

기분이 아주 좋지 않았다

어른이 아기를 보살펴줄 때도

이와 같은 상황이 아닐까

비록 말은 못 하지만

느낌으로 알 것이고 그 결과는

행동으로 나타날 것이다

사랑하는 것과 존중하는 것

　사랑하는 것과 존중하는 것에는 약간의 차이가 있다. 사랑의 표현은 개인마다 다른 주관성이 있고, 존중은 일반적으로 이해되는 객관성이 있다. 사랑의 개념이 사람마다 다르듯 그 표현도 다 다를 뿐만 아니라 사랑하기 때문에 오히려 아기의 버릇을 잘못 들이거나 자존감을 잃게 하고 아기의 능력 발휘를 억제할 수도 있다. 하지만 존중은 다르다. 사전에 존중은 '뜻을 높이어 중하게 여김'이라고 나와 있다. 사랑하는지, 안 하는지 몰라도 존중할 수 있다. 존중한다는 것은 어른의 잣대로만 보는 것이 아니라 아기 입장에서 생각해보고 인격체로 대해주는 것이다.

　아기는 엄마의 거울이다. 부모와의 관계를 통해 세상을 배운다. 말을 잘 듣게 하기 위해서는 말을 잘 들어주어야 하고, 존중하는 것을 가르치기 위해서는 존중해주어야 하며, 사이좋게 놀게 하기 위해 사이좋게 노는 것을 보여주어야 한다.

빨리 빨리

도서관에서 일주일에 두 번

유아를 위한 프로그램이 있다

먹이고 입히고

꿈틀대는 아이들

엄마는 스트레스받는다

떼 몰이 하듯 몰아내는데

밖에는 비가 오고 있다

엄마의 기분과는 상관없이

좋아라 아이들 소리 지른다

고인 물에 첨벙 뛰어들어

옷 적시고

튕기며 물장난한다

아이들이 이렇게 좋아하는 것을

굳이 프로그램에 참석해야 할까

그래, 재미있게 놀아라

포기하고 함께 놀아주었다

왜 서두르는 걸까

짧은 시간에 많은 것을 해주고 가르쳐주고 싶은 마음에 엄마는 조바심이 나지만, 아이는 이해하지 못한다. 누울 데를 보고 누우라고, 아이가 준비가 안 되었는데 엄마가 서두르면 힘만 들고 좋을 게 없다. 아이는 불안해질 뿐만 아니라 서두르는 데서 오는 과잉 자극을 피하려고 일단 저항하고 보는 행동이 형성될 수 있다.

능력이 있고 아이가 따라주면 좋겠지만, 서두르다보면 순간에 기쁨을 놓칠 수 있고 기대가 커지므로 좌절과 실망이 따른다. 그렇다고 해서 시간을 무조건 아이에 맞추는 것이 아니라 아이의 연령에 맞추어 당길 것은 당기고 늦출 것은 늦추어준다.

진정 아이에게 중요한 것은 무엇인가? 엄마가 알아서 또는 앞서서 하거나 해주면 빨리, 쉽게 진행될 수 있을지 몰라도 장기적으로 볼 때 아이를 수동적으로 만들 수 있다. 조금 천천히 가더라도 아기가 스스로 하려고 하는 것을 위주로 환경을 만들어주고 엄마가 따라가면 능동적 태도를 길러줄 것이다.

보살펴주어야 할 때

아기의 하루를 보면 엄마 손이 필요할 때, 함께 놀아주어야 할 때 그리고 아기 혼자 놀도록 곁에서 지켜봐주어야 할 때가 있다.

기저귀 갈아주고 먹여주고 재워주고 옷 갈아입혀줄 때와 같이 아기가 엄마의 보살핌이나 도움을 받아야 할 때가 있다. 이때 아기는 엄마에게 집중한다. 이 시간을 잘 이용하여 눈을 마주치고 분산되지 않은 일대일, 모든 관심을 주고 정성껏 보살펴주면 집중하고 협조한다. 아기에게 무엇을 하는지, 어떻게 하는지, 왜 그렇게 하는지 말해주면 아기의 인지와 언어 발달도 촉진시켜준다. 이 시간을 아기가 엄마의 사랑을 확인하는 시간, 즉 사랑의 배터리를 충전하는 시간으로 만들자. 아기는 사랑을 먹고 자라므로 엄마의 사랑을 확인하면 보채지 않고 한동안 혼자 잘 논다.

함께 놀아주어야 할 때

아기와 놀아준다는 것은 엄마가 아기 수준이 되어 함께 기쁨을 공유하는 것이다. 관계는 일방적인 것이 아니라 서로 주고받는 것이다. 아기가 반응할 시간을 주고, 아기가 반응하면 엄마가 반응하여 재미있는 시간을 갖는다. 함께 노는 것을 통하여 엄마는 아기의 상태를 볼 수 있고, 아기도 엄마 아빠의 감정과 표현법을 배우게 된다.

자유롭게 놀게 해줄 때

어른이 혼자 있는 시간이 필요하듯 아기도 혼자 놀 시간이 필요하다. 아기는 배가 부르고 사랑을 확인받고 편안하면 혼자 잘 논다. 아기가 놀 때 무관심하라는 것이 아니라 지켜보라는 것이다. 도움이 필요해서 청할 때는 도움을 주지만, 환경을 안전하게 만들어주고 자유롭게 놀게 해준다. 비록 서툴고 엄마 마음에 들지 않더라도 아기가 마음대로 놀 수 있도록 환경을 안전하게 만들어준다. 놀이를 통해 배운 것을 실험해보기도 하고 호기심도 채우며 자신감과 창조성을 키워 나갈 것이다.

스트레스를 해소할 탈출구를 준다

일상생활에서 하고 싶은 것을 못 할 때 받는 좌절감, 엄마와의 분리 불안, 이유도 모르고 야단맞았을 때 오는 분노, 창피당했을 때 오는 수치스러움 등등 부정적인 감정 또한 생활의 일부이다. 음식을 먹고 좋은 것은 섭취하고 찌꺼기를 몸 밖으로 내보내야 하듯 이런 부정적인 감정(스트레스)을 해소할 탈출구도 필요하다.

적당한 스트레스는 면역처럼 또는 더 잘하게 하는 촉진제가 될 수 있지만, 지속적으로 또는 한 번에 너무 심하게 충격을 받으면 각인되어 상처로 남을 수 있다. 음식물이 옷에 묻었을 때 빨리 닦으면 닦을수록 제 상태로 갈 수 있듯이 아이들이 받는 부정적 경험도 마찬가지로 상처의 치유가 빠르면 빠를수록 정신 건강에 좋다.

일대일 관심은 사랑의 충전이다

성취와 관심을 통해서 얻는 기쁨은 행동하는 데 동기를 부여해주는 원동력이 된다. 그러므로 논에 물꼬를 잘 터주어야 하듯 바람직한 경험을 하도록 환경을 만들어주고 그 안에서 기쁨을 느끼게 해주어야 한다.

일대일 관심은 사랑의 충전이다. 어른도 그렇지만 특히 어린아이는 심적으로 사랑이 충전되었을 때 칭얼거리지 않고 혼자 놀 때 잘 논다. 관심을 충분히 받지 못하면 야단맞을 짓을 해서라도 관심을 끄는 행동을 한다. 훌륭한 치료는 예방에 있다. 양육을 할 때 일대일 관심을 주는 것은 미래에 문제되는 행동을 미리 예방해준다.

감정을 표현해준다

아기가 기기 시작하면 위험한 것인지, 안전한 것인지 확신이 서지 않을 때 엄마를 보고 결정한다. 엄마가 미소를 띠면 안전하다는 것으로 알고 계속 진행할 것이며, 고개를 젓거나 공포에 질린 인상을 쓰면 하던 것을 멈춘다.

생후 1년이 되기까지 기쁨·분노·공포·불안과 같은 1차적 감정이 생기고, 생후 2년이 되고 자아가 발달하면 수치감·질투·죄책감·자긍심·자신감 등 2차적 감정이 생긴다.

감정 자체는 순수하다. 아이가 느끼는 감정을 알게 해주고 바람직한 표현 방법을 가르쳐주어야 한다. 아이가 넘어져서 아파서 울 때도 있고, 아프지 않은데 어떻게 할지 몰라 엉거주춤하며 엄마나 다른 사람의 감정을 살필 때가 있다. 아이가 울 때 "넘어져서 아프겠구나." 하는 것은 인정해주는 것이며, "울면 바보야." 하는 것은 아이의 감정을 부정하는 것이다. 상반된 감정을 말해주면 왜곡된 자아 개념을 심어줄 수 있다. 어떻게 느끼도록 결정해주는 것이 아니라 아이가 경험하는 것을 마치 아나운서가 설명하듯이 설명해주면 순수한 감정 표현을 하도록 도와주는 것이다.

4장

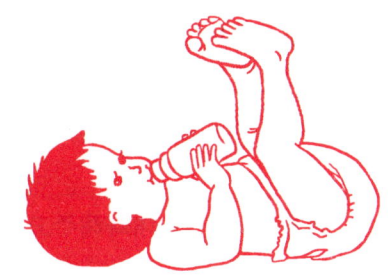

기저귀 갈자
(양육 자체가 교육이다)

아기와 함께

아기가 부를 때 반응해주고

그래 그래

엄마 여기 있다

주거니 받거니 대화해주고

내 차례 네 차례

나 한 번 너 한 번

아기 입장이 되어본다

해줄까 해줄게

허락받는다

양육 자체가 교육이다

영유아기에는 양육 자체가 교육이다. 따로 시간을 내서 가르치는 것이 아니라 양육하는 동안 엄마한테 모든 것을 맡기고 집중하므로 많은 것을 배운다. 이 시간을 이용하여 눈을 마주치며 일대일 관심을 주면 두뇌를 발달시키고, 네 차례 내 차례 대화를 배우고 언어를 습득하며, 신뢰를 배운다. 아이의 동의를 얻어 아이와 함께하면서 의사소통을 가르친다. 엄마가 아이를 끌고 가는 것이 아니라 아이가 하려는 것을 엄마가 도와준다고 생각하도록 해주면 아이가 양육에 참여하며 협조를 잘할 것이다.

기저귀 갈자

응가 했구나 젖었구나

기저귀 갈자

젖은 것은 통에 넣고

깨끗한 것으로 갈아줄게

편안하게 해줄게 깨끗하게 해줄게

이쪽저쪽 양쪽을 고정시키고

다 되었다 옷 입혀줄게

느낌이 좋지

눈을 마주치고 대화하는

일대일 소중한 시간

주거니 받거니

엄마는 아기를 아기는 엄마를 배운다

아기야 고맙다

너를 보살펴줄 수 있게 해주어서

엄마가 될 수 있게 해주어서

교육적 효과

신생아는 거의 20분마다 기저귀를 적시고 6개월이 되면 1시간마다 적시며 차츰 길어진다. 헝겊 기저귀는 대충 하루에 12번을 갈아주어야 하는데, 계산을 해보면 기저귀 떼기까지 5,000번 넘게 갈아주어야 한다. 이 시간을 잘 이용하면 엄청난 교육적 효과를 얻을 수 있다. 기저귀를 갈며 일대일 관심을 줄 수 있는 기회를 갖는다.

영아 전문가인 마그다 거버 여사의 존중해서 키우는 육아 방법을 활용하는 어느 어린이집을 관찰할 기회가 있었다. 이곳에서는 헝겊 기저귀를 사용하였는데, 아기를 데리고 올 때 부모가 직접 일회용에서 헝겊으로 갈아주고 데리고 갈 때는 헝겊에서 일회용 기저귀로 갈아주었다. 기저귀 갈아주는 시간을 통해 아이와 부모의 관계를 형성해주고 돈독하게 해주는 데 목적이 있다. 교사는 기저귀 갈아준 시간, 음식 준 시간 등을 다 기록하여 부모가 아기의 하루 일과를 한눈에 볼 수 있도록 해놓았다. 이러한 어린이집을 운영하려면 운영비가 많이 들어 비현실적일 수도 있지만, 그만큼 말 못 하는 아기에게 기저귀 갈아주는 시간이 얼마나 중요한가를 보여준다.

기저귀 갈아주는 방법

기저귀를 갈아주기 전에 기저귀 가는 데 필요한 것을 미리 준비해놓는다. 아기를 뉘어놓고 이것저것 가지러 가면 산만해진다. 아기가 말귀를 알아들으면 기저귀나 닦아줄 종이를 들어달라고 하여 함께 참여하도록 해 아기에게 자부심을 길러줄 기회로 삼는다.

도움이 필요할 때 도움을 받으면 그 고마움이 길이 남는다. 더럽다고 인상을 쓰거나 찡그리거나 또는 물건 취급 하듯 후다닥 갈아준다면 아기의 자아 형성에 부정적 영향을 미칠 수 있다. 장난감을 주어 관심을 다른 데로 돌리는 것보다 아기와 눈을 마주치고, 아기가 준비되었는지 살피며, 무엇을 하고 있는지, 무엇을 할 것인지를 말로 표현해주어 아기의 동의를 얻는다. 끝으로 아기를 도와줄 수 있어서 기쁘다고 말해준다.

순조롭게 진행되지 않을 때

평상시 잘하다가도 때로 몸을 비틀거나 저항해서 힘들 때가 있다. 엄마가 너무 일방적이고 그 시간이 즐겁지 않거나 다른 데 관심이 끌려 있으면 아기가 참여하지 않을 것이다. 누가 이기나 감정 대립에 들어가면 상황이 더욱 악화된다. 노는 데 열중해서 일어난 일시적인 행동일 경우 시간적 여유를 주도록 한다. 젖은 기저귀를 안 갈면 불편한 것은 아이이고, 한두 번 거른다고 큰일 나는 것도 아니다. 관계 형성은 생후 3개월, 아기가 엄마와 눈을 마주치기 시작할 때면 서로의 패턴을 알게 되고 1년이 되면 고착화된다. 문제로 대두될 때 득과 실의 경제법칙에 따라 그냥 그렇게 두고 시기가 지나갈 때를 기다리던가, 아니면 원인을 살펴 관계를 재형성해주도록 한다.

헝겊 기저귀와 일회용 기저귀

아무리 일회용 기저귀가 잘 나온다 하더라도 아기가 느끼는 감각은 헝겊만큼 못할 것이다. 기저귀가 젖으면 새것으로 갈았을 때 기쁨도 클 것이므로 감각신경 발달에 자극을 줄 것이다. 헝겊 기저귀를 사용하면 새거나 겉옷이 젖을 수 있는 불편이 있는데, 방수 기저귀 커버를 입혀주면 된다. 젖은 기저귀는 헹구어 통에 넣어놓았다가 저녁때가 되면 세탁기에 돌려 널거나 말리면 된다. 아기 옷이나 기저귀 빨래를 위해 시중에 천연 세제 또는 친환경 세제가 나와 있다.

헝겊 기저귀를 사용하는 것이 경제적이라고는 하지만, 외출하거나 바쁠 경우 일회용 기저귀를 사용해야 할 때가 있다. 하지만 일회용 기저귀는 99%가 화학물질이라 분해되기까지 300년이 걸린다고 하며, 소각을 하면 유해가스가 발생하여 공기를 오염시킨다고 한다. 엄청나게 버려지는 일회용 기저귀는 다 어디로 가며, 어디에 쌓일 것인지 환경오염을 생각하지 않을 수 없다.

기저귀 발진

아기의 보드라운 살결은 얇고 건조하며 해로운 물질에 약하므로 조심스럽게 다뤄야 한다. 체온을 조절하는 조직이 발달하지 않아 더우면 빨갛게 땀띠가 난다. 기저귀 발진은 접촉피부염으로 오줌 성분인 암모니아가 살결에 닿아 쉽게 짓무르고, 배변에 있는 균과 접하면 상황이 심각해질 수 있다. 기저귀를 자주 갈아주고, 물로 깨끗이 닦은 후 건조하게 해주고, 방지 크림이나 파우더를 발라주도록 한다.

엄마 손은 약손이다

목욕시킨 후

클래식 음악을 틀어놓고

베이비오일을 손에 발라

"마사지하자." 허락받는다

아래부터 시작해서 위로

발가락 손가락은 가락가락 당겨주고

팔다리는 빨래 짜듯 엇갈려 돌려주고

배는 시계 방향으로 쓰다듬는다

무릎에 엎어놓고 등도 해주고

머리도 속속들이 해준다

무엇이 빠졌나? 얼굴을 안 했구나

이마, 볼 그리고 코…

> 짧게는 5분, 길게는 10분
>
> 아가야 좋으니? 엄마도 좋다

아기 마사지하는 방법

음식 맛을 모를 때 한입에 콱 넣지 않듯이 아기가 마사지를 좋아하는지 알기 위해서 천천히 시작한다. 마사지하는 과정을 이야기해주며 관심을 주는 시간은 감정 교류와 사랑을 전달하는 시간이 된다. 눈을 마주치며 대화를 하는 동안 집중하게 되고, 규칙적으로 반복함으로써 아기가 예측할 수 있어 안정감을 느낄 것이다. 얼마 정도 해야 하는가는 아기가 알려줄 것이다. 아기가 싫다고 하면 다 끝나지 않았어도 그만해야 한다.

아기들이 다 마사지를 좋아하는 것은 아니다. 촉각이 너무 예민한 아기는 만져주는 것 자체를 거부할 수 있다. 아기가 받아들이지 않을 때는 이유가 있으므로 강제로 하지 말고 안아준다거나 업어주는 등 다른 신체적 접촉을 해주면 된다.

마시지의 효과

아기에게 마사지를 해주는 것은 스트레스와 관련된 호르몬을 줄이고 성장호르몬을 증가시켜준다고 한다. 또한 소화와 피의 순환을 도와주어 건강을 촉진시켜주며, 배에 있는 가스를 나오게 하여 불편함과 긴장을 풀어주고, 몸의 신체 부위를 자극하여 발달을 촉진시켜준다.

인큐베이터에 있는 미숙아를 하루 2시간 어루만져준 결과 만져주지 않은 아기보다 회복률이 훨씬 빨랐고, 몸무게가 늘었으며, 반응도 잘했다고 한다. 정상적인 아기에게 15분 매일 마사지를 해주면 깊은 잠을 자고, 정서적으로 안정되어 울음 수도 줄어든다고 한다.

신체적 접촉은 두뇌를 발달시킨다

태아는 32주가 되면 몸의 모든 부분의 감각이 발달하며, 아기 살결 2㎠에는 약 200여 개의 촉각 신경이 있는데 그 종류도 100여 개나 된다고 한다. 그러므로 갓난아기는 압박이나 아픈 것과 움직이는 것, 온도의 변화 등을 감지하고 부드럽거나 강하고 센 것을 알 수 있다. 아기는 거친 것보다 부드러운 촉감을 좋아하고 사랑으로 만져주는 손길을 느낀다. 이런 좋은 느낌은 뇌 신경을 자극시키는 역할을 하며, 화초가 햇살을 향해 나아가듯 아기 행동에 동기를 부여해준다.

세상이 흔들린다

아기를 안아

어깨 너머로 뒤쪽을 보게 하고

부지런히 앞에 가는 아빠

위아래로 흔들어주며 걷는다

뒤에서 따라가다

눈이 마주치자 방긋 웃는다

아직도 아기는 위아래로 흔들리고 있다

우리의 눈도 따라 움직이다 그만

눈길을 놓쳤다

그래도 아기는 마냥 좋아한다

세상이 흔들린다

어지러울 것 같은데

그렇지도 않은가보다

왜 흔들어주는 걸까

아기는 엄마 배 속에 있으면서 흔들림에 익숙해져 편안함을 느끼므로 규칙적으로 리듬 있게 흔들어주는 것을 좋아한다. 아기를 달랠 때 안아서 가볍게 왔다 갔다 또는 위아래로 리듬 있게 흔들어주면 아기가 진정한다. 생후 1년 정도면 아기를 안아서 돌리거나 살짝 몸을 기울이면 좋아하는데, 이때 몸의 균형을 유지해주는 전정기관에 자극을 주어 뇌 신경 발달을 촉진한다고 한다.

그러나 모든 이치가 그렇듯 아무리 좋은 것이라도 지나치면 오히려 해가 될 수 있다. 아기는 적응하는 데 천재적 능력을 갖고 있다. 아기가 혼자 잘 노는데도 필요 이상으로 계속해서 흔들어주거나 아기그네에 앉혀 흔들어주면 아기는 자발적으로 즐거움을 찾고 스스로 감정을 조절하기보다는 계속 그렇게 즐겁게 해달라고 할 것이다. 때로 생각 없이 아기에게 좋을 것 같아서 해줄 때가 있는데, 나중에 후회하는 습관을 들이는 것은 아닌지 장기적인 안목에서 생각해볼 필요가 있다.

흔들린 아기 증후군(Shaken Baby Syndrome)

아기를 달래느라 흔들어주는 것과 흔들린 증후군은 무관하다. 흔들린 증후군은 아기의 머리가 20초에 40회 이상 흔들려서 뇌출혈이나 갈비뼈골절이 유발되고 실명하거나 신체 마비가 오는 것을 말한다. 심하면 사망할 수도 있다. 아기가 어릴수록 몸에 비해 머리가 크고 무거우며, 머리를 지탱하는 목 근육 발달이 안 되어 더 심하게 충격을 받는다. 아기는 6주에서 4개월 사이에 많이 우는데, 이때 '흔들린 아기 증후군'(Shaken Baby Syndrome)이 많이 생기는 것이 우연은 아니라는 말이다. 아무리 달래도 그치지 않을 때 때릴 수는 없고, 좌절해서 또는 화가 나서 이성을 잃고 아기를 흔들면 그렇게 될 수 있다.

3~4세가 되기까지 과격하게 놀아주는 것도 조심해야 한다. 반복해서 공중에 던져 올리거나, 어깨에 올려놓고 뛰거나, 잡아 돌리는 놀이는 위험하다. 때로는 흔드는 행위 자체보다 멈출 때의 충격, 물건이나 벽에 부딪쳐 다칠 수도 있으므로 안전에 유의해야 한다.

잘 자라, 우리 아가

자장가 불러주고

토닥토닥

평화롭게 잠이 들었다

다들 잠이 든 고요한 밤

아기가 깨서

세상이 떠나가라 세차게 운다

잠결에 얼른 데려다

침대에 누운 채 젖을 물린다

스르르 감기는 눈

아기를 재우려다

엄마가 먼저 잠이 들었다

팔베개해주며

다칠까 떨어질까

꿈속에서도 조심을 한다

자면서 큰다

신생아는 잠을 많이 자는데 다 이유가 있다. 자는 동안 크는 것이다. 1주일 된 아기는 평균 16~20시간을 잔다. 한 번에 계속 자는 것이 아니라 자주 깬다. 1개월이 되면 평균 15시간 자고, 3개월이 되면 9~12시간을 자는데 이때 즈음이면 밤과 낮을 구별하여 밤에 자는 시간은 80% 정도이고, 낮에 자는 시간은 20% 정도가 된다. 보통 낮에는 오전, 오후 2번 낮잠을 잔다. 18개월 정도가 되면 하루 2번 자던 낮잠을 이른 오후 1번 정도를 잔다.

깊은 잠이 들기 전과 후에 선잠 또는 꿈꾸는 잠(렘수면, REM : Rapid Eye Movement)이 드는데, 눈을 감은 채 눈동자가 왔다 갔다 움직이며 얼굴 표정도 움직인다. 어른은 30% 정도가 꿈꾸는 잠이고 아기는 60% 정도라고 한다. 렘수면 때는 뇌에 피 공급이 증가하므로 뇌세포가 급속도로 발달한다고 한다. 잠을 잘 자면 아기가 깨어 있을 때 더 또랑또랑하여 감각이 고조되고 정보를 입력하고 기억하는 데 도움을 준다. 깊은 잠을 자는 동안에는 근육에 피 공급이 증가하여 신체 리듬을 찾고 성장호르몬이 분비되어 아기가 잠을 깊이 잘 자는 동안 성장한다고 한다.

낮에 많이 자면 밤에 잠을 덜 잔다. 편안하고 안정된 환경에서는 숙면과 피로 해소를 도와주는 멜라토닌 호르몬이 분비되므로 아기가 자는 시간은 중요하다. 밤에 잘 자도록 하기 위해 낮에는 환하게 평상시처럼 해주지만, 밤에는 조용하고 어둡게 해주어 밤과 낮을 구분하게 해준다. 취침 전에 목욕을 시켜준다거나, 책을 읽어주어 조용한 분위기를 만들어주고, 자장가를 틀어주는 등 규칙적인 습관도 도움이 될 것이다.

자다 깨서 운다

9개월 된 아기

낮에는 천사같이 잘 놀다가도

밤에는 두 시간마다 깨서 운다

쩔쩔매며 노래도 불러주고

안아주고 달래보지만

한바탕 울고 나서야 그친다

다행히 옆방에 큰아이 쿨쿨 잘 잔다

어쩌다 실수로 그냥 내처 잘 수는 없을까

깨더라도 울지 않을 수는 없을까

위층 아파트에서 쿵쿵 내리친다

고문이 따로 없고 지옥이 따로 없다

잠 좀 실컷 자는 것이 소원이다

다시 잠이 들고

폭풍우 지난 후 고요가 온다

아침 햇살같이 방긋 웃는 아기의 미소에

밤에 있었던 일은 언제 그랬더냐

다 잊어버린다

수면 교육

아기가 3개월이면 밤에 길게 자기 시작하고, 6개월이 되면 잠의 주기가 어른처럼(90분) 되어 밤에 깨지 않고 잔다고 한다. 저자가 아기를 키우며 힘들었던 것은 잠버릇이었다. 큰아이는 밤에 내처 자지만 혼자 잠이 들지 않으려 했고, 작은아이는 잠은 잘 들어도 밤에 자다 두어 번 깨서 우는 버릇이 있었다. 바꾸어보려고 무진 노력을 했지만 허사였다. 아기가 혼자 잠이 들고 밤새 잘 자는 것은 큰 효도를 하는 거다.

처음부터 혼자 자는 습관을 들인다

6개월 이후에 아기가 혼자 자려고 하지 않는 것은 습관에서 온 것 같다. 갓난아기는 밤에 2시간마다 깨서 모유를 먹는다. 모유를 주다보면 아기가 엄마 품에서 잠든다. 그러다보면 아기를 재우려다 피곤한 엄마가 함께 잠이 들어버린다. 한번 그렇게 하면 계속 같이 자려고 하며, 일단 형성된 아기의 습관을 바꾸기란 황소고집만큼이나 힘들다.

정석에 의하면 아기를 재울 때 함께 있어주되 스스로 잠들게 해야 한다고 한다. 아기방에서 자던 아기가 깨서 울면 토닥여서 안심시켜주어 다시 자도록 한다. 그대로 잘 자면 좋겠지만 울고 보채면 문제가 달라진다. 몇 분 정도는 울도록 놔두어도 된다고 하지만, 밤에 아기가 울면 참을 수 있는 부모가 얼마나 있겠는가. 혼자 자도록 하는 습관은 처음부터 계획해서 일관성 있게 해야지 상황에 따라 엄마의 행동이 달라지면 서로 힘들어진다.

10여 분 정도 울려도 된다고 하지만 아기의 울음은 1분이 10분처럼 느껴진다. 한밤중에 10분은 영원한 시간이다. 다른 사람도 자야 하는데 한도 끝도 없이 울릴 수 없는 것이다. 뿐만 아니라 아이에게 충격을 줄까봐 그렇게도 못 한다.

만 2세가 되면 어두움과 상상력으로 인한 두려움이 생기는데, 이것은 아이가 눈에 보이지 않아도 존재한다는 물체 영구성을 알기 때문이다. 자다가 깨서 우는 이유는 2세 이전에는 부모와 떨어지는 것에 대한 두려움이고, 그 이후는 상상력으로 인해 어두움을 두려워하기 때문이라고 한다.

아기를 어떻게 재울 것인가에 대해서는 미리 계획해서 규칙적인 습관을 들여야 한다. 엄마와 같이 자는 아늑하고 좋은 것을 맛보았는데 혼자 자라고 하는 것은 무리일 수도 있다. 한 번은 안 되고, 한 번은 되는 일관성 없는 행동은 아기에게 울면 온다는 것을 더욱 확신시켜줄 뿐이다. 아무리 힘들어도 이것도 지나가는 한때의 일이다. 부모도 함께 숙면을 취하는 방법을 모색해야 한다.

수면 장애

자다 깨는 것을 고치려고 해보았지만 안 되었다. 나중에야 수면 장애란 것을 알게 되었다. 문제라고 생각할 때 문제가 된다고, 아이가 깨는 것은 불편할 뿐이지 전문가를 찾을 정도는 아니었다. 밤중에 자다 깨는 데는 여러 가지 이유가 있겠지만, 저자의 아이 경우는 엄마한테서 배운 것 같다. 잠잘 때와 깨어 있을 때 호르몬 분비가 다른데, 임신 말기에 산모가 낮에 활동하고 밤에 충분히 숙면하면 아기 뇌가 이것을 기억하여 그렇게 한다는 것이다. 저자는 둘째 아이 임신 말기에 학술 논문을 쓰느라 밤낮 구별 없이 책상에 앉아 있었으며 모두 잠든 밤에 일어나 쓰곤 했는데, 그것이 영향을 준 것 같다.

문제는 문제라 생각할 때 문제가 된다

문제란 무엇인가? 문제의 차원도 다르고 개념도 다양하다. 어떤 옷을 입힐까 고민하는 사소한 문제가 있는가 하면, 아파서 생사의 기로에 서는 중대한 문제도 있다. 생각에 따라 작은 문제가 큰 문제가 될 수 있고 큰 문제가 작은 문제가 될 수도 있다. 살아간다는 것은 문제 해결의 연속이다. 현재 문제로 힘들 때 더 큰 문제를 갖고 있는 부모도 있다고 생각해보면 현재 문제가 큰 문제가 아닐수도 있고, 있는 그대로 인정하게 되어 마음에 여유가 생길 것이다.

걱정한다고 문제가 해결이 되는 것은 아니다. 한발 물러서 제3자의 입장에서도 생각해보고, 피할 수 없는 것은 그대로 인정하고 받아들이면 순조롭게 순리대로 일이 풀릴 수 있다. 불평하고 비관하기보다는 그것을 통해 무엇을 배울 수 있는지 긍정적인 태도를 가지면 지혜가 생길 것이다. 당장은 힘들고 어렵더라도 지나가는 과정이라 생각하면 희망이 생긴다.

기대치를 어디에 두느냐에 따라 물컵에 물이 늘 부족할 수도 있고, 물컵에 물이 늘 차 있을 수도 있다는 것을 알고 상황에 맞추어 기대치를 바꾸는 여유를 가지면 아이를 키우는 데 보람이 있을 것이다.

5장

한 입만 더 먹자
(수유, 이유식, 음식 주기, 건강)

모유 수유

두 시간마다 달라고 운다

한번 입에 대면

얼마나 세차게 빨아대는지

젖꼭지가 헐었다

입에 물릴 적마다

아야야 소리가 절로 난다

너무 아파 이를 꽉 물었다

상처가 아물 새가 없다

그래도 덧나지 않았다

4개월이 지나서야 괜찮아졌다

그렇게 아팠던 것도

시간이 흐르니

산고를 잊듯

다 잊어버리는가보다

모유는 완벽한 음식이다

모유는 아기가 6개월이 될 때까지 필요로 하는 모든 영양분이 포함되어 있는 완벽한 음식이다. 모유의 좋은 점은 다음과 같다. 모유에 있는 불포화 지방산은 뇌 형성에 필수적이므로 지능 발달을 도와준다. 뿐만 아니라 면역 성분이 있어서 호흡기 질환, 귓병 그리고 다른 박테리아와 관련된 질환으로부터 보호해준다. 모유에는 자연 소독 성분이 있어서 일일이 씻거나 소독하지 않아도 된다. 그래서 상처가 나도 덧나지 않는다. 모유는 알레르기 또는 아토피성 질환을 예방해주고, 모유를 빨다가 호흡기에 들어갈 경우 호흡기 질환을 방지해준다. 수유를 할 수 없는 경우 출산 후 최소 3일까지라도 권장하는데, 초유에는 많은 면역 성분이 들어 있기 때문이다.

모유 수유는 산모의 회복을 도와준다. 수유할 때 그 자극으로 산모에게서 옥시토신과 프로락틴이라는 호르몬이 나오는데 옥시토신은 자궁이 원위치로 돌아가고 출혈을 막아주며 혈압을 낮추어주고, 프로락틴은 모유를 더 생산하도록 자극시키며 수유하는 동안 배란이 지연된다고 한다. 연구에 의하면 적어도 1달 이상 모유를 줄 경우 유방암과 자궁암 확률이 낮아지고, 뼈에 미네랄이 남도록 도와주어 폐경기 이후 엉덩이뼈가 부러지는 횟수가 적었다고 한다.

모유는 엄마가 섭취하는 것에 따라 영향을 받으므로 건강식을 섭취하고, 항생제 사용을 금하며, 약을 먹어야 할 경우 전문가와 상의해야 한다.

모유가 좋지만 건강상 또는 직장 때문에 부득이 모유 수유를 할 수 없는 경우도 있다. 미안해하거나 죄의식을 갖는 것보다 주어진 현실에 맞추어 최선을 다하고, 분유를 줄 때 모유를 주듯 가슴에 포근하게 안아 수유하면 정서적으로 같은 효과를 볼 것이다. 언제까지 모유 수유를 하나는 개인적인 문제다. 어떤 엄마는 일찍, 어떤 엄마는 만 2~3세까지 모유를 주기도 한다. 개인적인 선택인 만큼 존중해주어야 할 것 같다.

미국소아과의사아카데미는 만 1세까지 권장하고, 세계보건기구는 만 2세까지를 권장한다. 만 1세가 되면 우유를 소화시킬 수 있고 음식을 깨물어 먹을 수 있다.

공공장소에서 수유하기

수유할 적당한 장소가 있다면 좋겠지만 그렇지 않은 경우도 많다. 아기가 울면 엄마의 보호 본능이 작동해 부끄러움이 없어진다. 모유 수유는 자연스러운 것이고 아름다운 모습이지만, 이해하지 못하는 다른 사람이 보면 어색하고 눈살을 찌푸릴 수도 있다. 서로 배려하는 마음에서 조용한 장소를 찾아 가릴 수 있는 만큼 가리고 편안하게 수유하는 것이 좋을 것 같다.

이유식 주기

첫아이 때는

책에서 나오는 대로

정확하게 주었다

시중에서 파는 것만이 좋은 줄 알았다

둘째 아이 때는

마음에 여유가 생겼다

집에서 만들어주고

식구들이 먹는 것을 중심으로 주었다

9개월 되었을 때

피자를 믹서에 갈아주었다

잘 먹었다

큰아이는 눈에 익숙한 것만 먹고

작은아이는 생소한 것도 잘 먹는다

아이의 입맛과 먹는 습관은

엄마 탓일까 타고나는 걸까

언제 시작할까

이유식이란, 영아 발달에 필요한 영양분과 에너지 공급을 위해 음식을 씹어 소화시킬 수 있을 때까지 단계적으로 주는 음식이다. 6개월까지는 모유만으로도 충분히 영양이 공급된다고 한다.

3, 4개월 이전에는 반사작용으로 액체는 삼키고 액체가 아닌 것은 밀어내므로 이유식이 적합하지 않다. 혀로 음식을 삼킬 수 있는 것은 적어도 4개월이 되어야 한다. 6개월 이후 치아가 나기 시작하면서 아기 몸에 철분이 더

필요해지고, 움직이기 시작하면 열량이 더 필요하므로 이유식으로 보충해준다. 아기가 입을 오물거리거나, 물건을 잡으면 입으로 가져가거나, 몸무게가 2배 정도가 되거나, 활동량이 많거나 하는 것을 이유식을 할 때가 된 신호라고 보면 된다.

이유식 주는 순서

처음에는 아기 시리얼이나 밥으로 쑨 맑은 죽 같은 유동식으로 시작하다가 차츰 반고체 형식의 야채 그리고 고기나 치즈 간 것을 준다. 혹시 음식 알레르기가 있을지 모르므로 섞지 말고 한 번에 한 가지씩 적은 양을 주어 아기의 신체적 반응을 본다.

12개월이 되면 어금니가 나기 시작하며 깨물어 먹을수 있다. 이때는 소화 기능이 발달하여 우유를 소화시킬 수 있으며, 알레르기 반응을 일으킬 수 있는 음식 중의 하나인 계란을 주어도 된다고 한다. 계란, 땅콩, 우유 등은 알레르기성 식품이므로 너무 일찍 시작하지 않는 것이 좋다고 한다.

젖을 깨물다

느닷없이

얼굴이 새빨개지며

힘을 다해 깨물었다

너무 놀라

벼락 치는 소리를 내며

아기를 젖에서 떼었다

아프기도 아팠지만

물었다는 것에 놀랐다

엄마의 발작에

아기는 더 놀랬나보다

다시 물리기 전

아프다고 안 된다고

경고를 주었다. 잠시 후

다시 깨물려고 조이다가

엄마를 쳐다보았다

안 된다고 고개를 저으니

잇몸을 풀었다

(9개월)

이가 나다

7개월에서 10개월 사이에 앞니가 나오고, 10개월에서 16개월 사이에는 씹을 수 있는 어금니가 나온다. 만 2세가 되면 이가 다 나는데 모두 20개이다. 이가 나기 시작하면 아기가 칭얼거리거나 보채기도 한다. 미열이 나기도 하고 잇몸이 빨갛게 붓기도 한다. 잇몸이 근질거려 닥치는 대로 입에 가져가 깨물거나 씹으려고 한다.

깨물 수 있는 안전한 것을 주도록 한다.

침을 흘리는 이유

건강한 아기는 3개월이 되면 바깥세상에 관심을 갖기 시작하며 손에 닿는 대로 입으로 가져간다. 입, 혀 그리고 입 주위에는 많은 맛감각 돌출이 있어 입으로 배운다. 이때부터 침의 분비가 많아져 이가 나는 시기인 6, 7개월이 되면 턱받이를 하루에도 몇 개씩 사용해야 할 만큼 그 양이 많아진다. 이유는 이가 나오면서 잇몸과 침샘을 자극하기 때문이라고 한다. 점차 줄지만 두 돌까지도 흘린다.

침 속에는 박테리아, 바이러스 그리고 곰팡이를 억제하는 물질이 들어 있어 입안의 점막을 보호해줄 뿐만 아니라 흘리는 침은 물체에 붙어 있는 균이 입속에 남아 있거나 몸속에 들어가지 않도록 씻어주는 역할도 한다.

또한 침 속에는 탄수화물을 분해하는 성분이 있어서 소화를 도와주고 음식이 목에 부드럽게 넘어가도록 해준다고 한다. 이가 나온다는 것은 씹을 수 있다는 신호다. 그러므로 침을 많이 흘리거나 이가 나기 시작하면 이유식 해도 될 준비가 되었다는 것이다.

젖을 떼다

젖을 떼기로 했다

생각대로 그냥 되는 줄 알았다

젖병을 두어 번 빨다가는

고개를 돌리고 짜증을 내면서 울었다

하루 종일 주느니 마느니 티격태격하다

엄마는 엄마대로 지치고

아기는 아기대로 지쳤다

젖은 불어 올라 불편해지자

마음이 약해져 다시 물렸다

한 주 지나

두 번째 시도하다가 또 실패했다

세 번째는 모질게 마음먹었다

팽팽히 맞섰다

하루가 지나고 이틀이 지났다

몸은 몸대로 불편하고 아기는 울고 보채고

지느냐 이기느냐 어쩔 줄 몰라 하는데

누군가 납작 꼭지로 바꾸어보라고 했다

그래서 그랬을까 아니면 지쳐 포기한 것일까

기적처럼 젖병을 빨기 시작했다

(11개월)

사전 준비가 필요하다

아기가 젖꼭지를 깨문 이후 젖을 떼기로 결정했다. 쉽게 떼는 아기도 있지만 저자의 아기는 의외로 힘들었다. 1달 동안에 2번을 실패하고 세 번째 시도했던 날 드디어 성공했다. 조금 더 기다릴 것을 너무 빨리 떼지 않았나 싶다. 강제로 떼려고 할 경우 아기는 거절과 좌절로 충격을 받고 엄마는 엄마대로 힘들고 지친다.

아기가 젖을 빨지 않으면 젖이 차 젖몸살을 앓는다. 가끔 짜주고 수유 패드를 대주면 1주일 정도 뒤 차츰 완화되며 정상으로 돌아간다. 언제 뗄 것인지 시기를 정하여 서서히 아기가 준비할 시간을 준다. 이 기간 동안 엄마의 사랑에 변함이 없다는 것을 확인시켜줄 필요가 있다. 젖병을 빨지 않는 아기에게는 뚜껑이 달린 아기 컵에 주어 마시게 하거나 빨대로 마시게 한다.

"꽈당" 뒤로 넘어지다

아기의 손에 든 과자가

너무 큰 것 같아서 반을 잘라주자

자지러지며 앉아 있던 자세에서 뒤로 넘어갔다

머리를 다칠까 가슴이 철렁 내려앉았지만

바닥이 카펫이라 아프기는 하겠지만

다치지는 않을 것 같았다

놀랍게도 아이는

팔꿈치로 몸을 약간 지탱해

머리가 직접적으로 바닥을 치지는 않았다

넘어지면 아프다는 것을 알기는 아는 모양이다

자기 살 궁리는 한다

아무 반응도 없이 그저 지켜만 보았다

그렇게 넘어지면

본인만 아프다는 걸 알게 하고 싶었다

아파서 우는지 화가 나서 우는지

엄마가 놀라지 않아 서러워 우는지

87

힘차게 울었다

(13개월)

누구의 잘못인가

아기들의 과격한 행동의 원인을 살펴보면 어른의 잘못이 많다. 1개를 줘놓고 반으로 잘라준 것은 아기를 과소평가한 거다. 아무리 그래도 그렇게까지 나올 줄은 몰랐다. 그럼에도 불구하고 엄마는 꿈쩍도 안 했다는 것이 입력되었을 거다. 만약에 엄마가 놀라 잘라준 과자를 다시 준다면 또 상황은 달라졌을 것이다. 물론 아기의 안전이 우선이다. 이 사건을 통해 엄마는 아이의 성질을 알았고 아이 또한 엄마의 성질에 대해 알았다. 아이는 다시는 뒤로 넘어가는 행동을 하지 않았고 엄마 또한 먹어야 할 만치 주었다.

정상적인 아이라면 몸을 바닥에 던지는 행동은 자신만 손해라는 것을 알 것이다. 아픈 것을 피하는 것이 본능인데 반복적으로 머리를 벽에 친다거나 자해하는 행동을 한다면 신경 장애가 있는지 전문가를 찾아 진단을 받아보아야 한다.

간식이 너무 달다

설탕이 없는 세상을 상상할 수도 없다. 하지만 윌리엄 더프티는 '슈거 블루스'라는 책을 통해 설탕은 독성이며, 우울증·당뇨병 같은 현대병의 원인이 된다고 했다. 곡류나 과일 등 자연식품 섭취를 통해 전환 과정을 거친 포도

당은 몸에 이롭지만, 설탕은 직접 포도당이 되므로 몸 안에서 스스로 당분을 조절할 수 있는 힘을 약하게 만들어 성인 당뇨병의 원인이 되기도 한다.

밥·국수·야채·과일 등 자연식을 통해 충분히 우리 몸에 필요한 탄수화물(당분)을 섭취하는데, 그 외의 과자·초콜릿·사탕 등으로 섭취하는 당분은 과잉 섭취일 뿐이다. 마시는 주스나 음료에도 설탕이 많이 들어가 있다. 설탕은 치아에도 좋지 않고 영양소 섭취를 방해하므로 건강에 유해할 뿐만 아니라 에너지가 넘쳐 과잉 행동을 하고, 그 결과 주의력 결핍을 가져온다는 것이다.

설탕은 감각적 쾌락을 추구하는 습관성 물질이므로 한번 맛을 들이면 계속 추구하려고 하며, 갑자기 기분이 좋은 만큼 그 효과가 떨어지면 갑자기 우울해진다고 한다. 미국 어느 공립학교에서 급식에 설탕과 인공색소 그리고 감미료를 줄였더니 학력 수준이 상승했다고 한다.

맛은 길들여진다

아이들은 어른과 달라 금방 단맛에 적응한다. 저자가 어렸을 때는 설탕이 귀해서 그랬는지, 돈이 없어서 그랬는지 단것을 먹을 기회가 별로 없었다. 몸이 단것에 익숙하지 않아 어느 정도 단것이 몸에 들어가면 속이 울렁거렸다. 시중에서 파는 케이크 자체도 달달한데 그 위에 장식된 몇 배나 더 단것을 떼어 먹는 아이도 보았다. 반면에 딸기, 포도는 물론 당근, 브로콜리 등 야채를 잘 먹는 아이도 보았다. 아기의 입맛은 엄마가 길들이기 나름이다. 단것을 눈앞에 놔두고 먹지 말라는 것은 고양이에게 앞에 놓인 생선을 먹지 말라는 것과 같다. 눈에 보이지 않게 치우고 설탕이 안 들어가거나 적게 들어간 것을 주도록 한다.

　아기는 태어나면서부터 단맛을 좋아한다. 하지만 좋아한다고 지나치게 주다보면 단것만 먹으려고 하고 영양가 있는 채소나 과일은 먹지 않으려고 할 것이다. 음식 습관은 만 2세가 되면 정해진다고 한다. 가공식품보다는 자연식품을 접하게 하고, 영양가 없는 사탕 종류나 과자 대신 신선한 과일이나 채소의 맛을 알게 해주는 것이 건강에 도움이 될 것이다.

어느 음식점에서

음식점에 갔다

아기를 보자

외진 자리로 안내해주었다

아기 식탁이 놓여 있고

먹다 흘려도 괜찮게

바닥에 신문지가 놓여 있었다

옷에 묻지 않게

일회용 아기 턱받이도 해주었다

기본으로 먼저 먹여주고

접시에 젤로 덩어리를 놓아주니

손으로 집어 먹고

주물럭거리고

손과 얼굴에 범벅이 되었다

아기가 노는 동안

편안하게 식사를 할 수 있었다

(12개월)

아기 식탁 의자

　아기를 데리고 레스토랑이나 찻집에 가는 것은 모험이다. 아기 의자가 있으면 그나마 아기가 고정 자리에 앉아 있을 수 있지만, 온돌바닥에 앉아 식사하게 되면 기어 다니거나 붙들고 다닌다. 일일이 쫓아다니면 엄마는 먹어도 먹는 것 같지 않고, 그냥 놔두면 주위 사람에게 폐를 끼치거나 뜨거운 것을 만지거나 엎어지거나 하여 위험할 수 있다.

　아기의 안전을 위해서라도 아기 식탁 의자에 앉혀 음식을 주는 습관을 들이면 좋을 듯하다. 바닥에 음식을 떨어뜨려도 닦아낼 수 있도록 비닐이나 신문지를 깔거나 흘려도 되게 턱받이를 대주면 아기가 자유롭게 먹고 노는 동안 엄마도 편안히 먹을 수 있다.

　돌이 지난 아기는 손으로 만지는 것을 좋아하고 촉각으로 배운다. 밥알·국수·두부·잘게 자른 물렁물렁한 음식 들은 손으로 느끼고, 맛보며, 냄새도 맡고, 음식 성질도 알게 해주어 좋은 장난감이 될 수 있다. 이것저것 섞어주는 것보다 한 번에 한 가지씩 따로 주는 것이 물체의 맛을 아는 데 도움이 될 것이다.

음식 알레르기

알레르기는 신체에 들어온 물체가 몸에 무해한 것임에도 불구하고 면역체가 위험한 것으로 감지, 반응하여 몸에 증상이 생기는 것이다. 재채기, 코막힘, 마른기침, 콧물·눈물이 나고, 가렵거나 두드러기가 나거나 소화 기능에 문제를 일으킨다. 심각할 경우에는 병원을 찾아야 한다. 계란, 우유, 땅콩 등은 알레르기를 일으킬 수 있는 음식이므로 만 1년이 되어서 주는 것이 좋으며, 처음 줄 때 아기의 신체 반응을 잘 살펴보아야 한다.

아기들도 싫어하는 음식과 좋아하는 음식이 있다. 부모가 습관을 들인 것이 아니라면 어른의 기호가 다르듯 아기도 다르다는 것을 인정해주어야 한다. 말 못 하는 아기가 어떤 특정 음식을 먹지 않으려고 하면 몸에 맞지 않는다는 신호일 수 있다. 어떤 아기는 오렌지 주스를 안 마시려고 해서 강제로 마시게 했는데, 나중에야 오렌지 주스가 알레르기 반응을 일으켜 마시기만 하면 배탈이 난다는 것을 알았다고 한다.

아토피피부염

아토피피부염은 알레르기 증상으로 뺨과 팔다리에 홍조가 생기고, 팔꿈치나 무릎 안쪽 또는 목 주위 등 피부가 접히는 부위로 확산된다. 피부가 건조해지고 습진을 동반하며 피부 껍질이 일어나고 심하게 가려움을 느끼는데, 주로 유아기에 발생한다고 한다. 약은 치료를 하기보다는 잠시 증상을 가라앉히는 것이며, 치료를 하려면 식생활 개선을 통해 발생 원인을 제거해야 한다고 한다. 기름을 적게 쓰고, 식품첨가물이나 화학물질이 들어간 음식을 줄이고, 가공식품보다는 자연 상태로 만든 음식을 주도록 한다. 그 외 비누나 화학약품, 냄새 등은 물론 환경오염 때문에도 아토피 반응이 일어날 수 있다. 자연섬유인 면으로 된 내복을 입히고 보습제를 발라주도록 한다.

한 입만 더 먹자

정성을 들여 아기 음식을 만든다

담아준 것에 반도 채 안 먹고

그만 먹겠다고 한다

노는 데 정신이 팔려

먹는 데 관심이 없나보다

음식도 아깝고

아이도 빨리 컸으면 좋겠고

열 번만 더 먹자고 약속한다

한 번 성큼 입에 넣어준다

집 안을 한 바퀴 돌고 와서

새 새끼 모이 받아먹듯 입을 벌린다

두 번 성큼 넣어준다

잘하면 한 그릇 다 먹일 수 있을 것 같다

아홉 번…

한 숟갈 남았다

한 번만 더 먹자. 아

군말 없이 받아먹는다

빈 그릇을 보는 엄마의 마음은 흐뭇하다

자식이 먹는 것은 희망이고 기쁨이다

큰 것을 성취한 것 같아 가슴이 뿌듯하다

그러나 웬걸

쓰레기통에서 아이가 뱉어놓은 음식을 보았다

아이를 통해 한 수 배웠다

건강한 식습관

음식 습관은 2살이면 들여진다고 한다. 한번 들여진 습관은 고치기 어려우므로 처음에 길을 잘 들여야 한다. 가족이 먹을 때 한곳에서 함께 먹도록 한다. 음식을 줄 때 많은 양을 주어 남기게 하는 것보다 적은 양을 주는 것이 아이가 다 먹으면 성취감을 느낄 수 있게 해준다. 더 먹고 싶으면 더 달라고 할 것이다.

먹는 시간은 즐거운 시간이 되도록 해준다. 강제로 음식을 먹이려고 하면 잘못된 식습관이 든다. 못 먹게 하면 더 먹으려고 할 것이고, 반대로 자꾸 먹이려고 하면 더 안 먹으려고 하는 현상이 생긴다.

늘 잘 먹는 것이 아니다. 잘 먹지 않다가도 어느 날 잘 먹을 때가 있고, 잘 먹다가도 별로 먹지 않는 날도 있다. 아이는 몸에서 필요한 만큼 먹는다. 많이 먹고 쑥쑥 자랐으면 좋겠는데, 안 먹으려고 하면 엄마 걱정이 크다. 그러나 사실 아이는 정상인데 엄마의 기대가 너무 큰 것인지도 모른다.

5대 영양소

아기들은 골고루 먹기보다 한 가지만 계속 먹으려는 경향이 있다. 그렇다고 해서 아기가 잘 먹는 것만 주는 것이 아니라 먹지 않더라도 눈에 익숙하게 조금씩이라도 접시에 담아준다. 우리 몸에 필요한 5대 영양소는 탄수화물(밥·국수·빵 종류), 단백질(고기·치즈·우유·요구르트 종류), 지방(기름·깨·호두), 칼슘(멸치) 그리고 무기질 비타민(과일·채소) 등이다. 우유, 요구르트, 바나나, 계란 등은 그 안에 다양한 영양분이 들어 있으므로 각종 영양소를 취할 수 있는 좋은 식품이다.

어린이 비만

어린이 비만은 선천성과 후천성이 있다. 비만이라는 것은 섭취하는 칼로리가 소비하는 칼로리보다 높다는 것이다. 기름에 튀긴 음식, 설탕이 많이 들어간 간식, 주스 등은 조금만 먹어도 칼로리가 높을 수 있으므로 저칼로리 식단으로 개선해야 한다. 또한 아이는 뛰어노는 게 정상인데 제한된 공간과 움직이지 않아도 즐겁게 해주는 것, 즉 TV 보기나 게임기 또는 컴퓨터 사용 등은 비만의 원인이 된다.

병원을 바꾸다

좀처럼 울지 않는 아기가

병원에 들어가기가 무섭게

달랠 수 없이 자지러지게 운다

달래느라 진땀을 뺀다

한두 번도 아니고 계속 그러니까

아기도 아이지만 엄마도

병원에 가려면 겁부터 난다

병원이 마음에 들어서가 아니라

사는 곳에서 가깝기에

선택의 여지없이 다녔던 거다

할 수 없이 병원을 바꾸었다

놀랍게도 아기의 울음이 줄었다

말은 못 해도 느낌으로 아는 것 같다

무뚝뚝한 전 병원에 비하여

새로 찾은 곳은 친절했다

분위기도 아늑하고 부드러웠다

때론, 환경을 바꾸어줄 필요가 있다

(13개월)

아기가 보내는 신호

진찰실에서 의사나 간호사가 들어올 때 주사를 맞지 않아도 울기 시작하는 것은 행동학습이론으로 설명할 수 있다. 심리학자 파블로프는 개에게 먹이를 줄 때마다 종을 쳤더니 나중에는 종만 쳐도 먹을 것을 주는 줄 알고 침을 흘리는 현상을 발견했다. 하얀 가운을 입은 사람이 주사를 놓았고, 맞으니 아팠다. 그러므로 하얀 가운을 입고 있는 사람만 보아도 아픈 것을 연상하고 미리 우는 것이다.

하지만 그렇지도 않은데 병원 들어서기가 무섭게 대기실에서부터 통제가 안 되게 운다는 것은 어딘가 잘못된 것이다. 엄마가 긴장한다는 것을 느꼈는지, 아니면 분위기가 싫었는가보다. 다른 병원으로 옮기자 아기의 울음도 줄었다.

병원에 안 갈 수는 없다. 때로는 아기 혼자 낯선 곳에서 입원도 해야 할 때가 있다. 아기를 보살펴줄 사람과 아기가 애착한 엄마가 잘 지내는 것을 보면 아이가 엄마와 떨어져도 덜 불안할 것이다.

예방주사

첫 2년 동안 5, 6번 면역 주사를 맞는다. 홍역, 디프테리아, 파상풍, 백일해, 소아마비 등 면역 주사가 있다. 따로따로 맞아야 하는지, 한꺼번에 다 맞아도 좋은지에 대한 연구 결과에 따르면 한꺼번에 맞아도 위험하지 않다고 한다. 홍역, 이하선염, 풍진은 12개월에서 15개월 사이에 맞힌다. 면역 주사는 약하게 또는 죽은 박테리아나 바이러스를 몸에 투입해 신체가 진짜 병을 일으키는 항원으로 착각하여 이에 대항할 면역체를 만들어주는 것으로 진짜 균이 들어왔을 때 싸워 이길 수 있게 한다.

미열이 난다

평상시와 같이

잘 놀고 잘 먹는데

미열이 난다

병원에 가야 되는지 확신이 안 선다

그렇게 사흘이 지났는데도

아이를 만져보면 따끈하다

큰 병을 키우는 것은 아닌가 싶어

얼른 병원에 데리고 갔다

의사가 진찰을 해보고는

그럴 수도 있으니까 하루 더 지내보고

열이 올라가면 다시 오라고 한다

무슨 병이란 말도 안 해주고

약도 안 지어주고

이상하게도 다음 날

열이 내렸다

열이 난다는 것은

병을 옮기는 균은 우리 주위에 가득 차 있다. 침·눈물·위산·점액질 등이 몸을 보호해준다고는 하지만, 균의 힘이 면역체보다 강하면 아프거나 열이 나는 증상을 보인다. 열이 난다는 것은 우리 몸에서 균과 싸우고 있다는 것이다. 열이 나므로 외부에서 침입한 균을 잡아먹는 면역체를 생성하는 백혈

구의 활동이 촉진되고, 호르몬 분비로 혈액순환이 활발해진다. 우리의 몸도 면역성을 기르기 위해 스스로 균과 싸워 이기는 연습을 해야 한다. 해열제를 주는 것은 약이 대신해서 균과 싸워주는 것이므로 분별해서 사용해야 한다.

정상 체온은 36.5도에서 37.5도로 6개월 이전에 38도, 이후에는 39도가 되면 고열이라고 한다. 따뜻한 물로 닦아주어 어느 정도 심한 열을 식히고, 탈수를 방지하고 독성분이 빠져나오도록 수분을 충분히 섭취하도록 해준다. 갑자기 40도 이상의 고열이 오르고 지속된다면 병원에 데리고 가야 한다.

처방 약 남용

의사가 진찰을 하고 괜찮다며 약을 지어주지 않으면 괜히 돈만 버린 느낌이다. 엄마가 이런 의식을 갖고 있는데 의사는 어떻겠는가. 필요하지 않은데도 항생제나 해열제 등 어떤 약을 지어주어야 할까 갈등을 느낄 수 있다. 또한 만에 하나 항생제를 주어야 하는데 안 주었다가 악화되어 항의가 들어오면 문제가 생길 수도 있다.

항생제는 만병통치가 아니다. 약은 건강한 사람에게는 독이 된다. 항생제를 너무 많이 사용하면 몸에 저항이 생겨 계속 더 많은 양을 사용해야 하고, 정말 필요할 때 효과를 볼 수 없다. 정말 필요한 것인지, 필요 이상으로 약에 의존하는 것은 아닌지 생각해볼 필요가 있다.

저자만의 생각일까, 약을 자주 먹이는 아이는 병에도 잘 걸리는 것 같다. 약을 먹으면 아기 몸에서 스스로 싸울 수 있는 힘이 없어지는 것이므로 계속 항생제에 의존하게 되고, 점점 독하게 먹어야 하므로 진짜 큰 병이 걸렸을 때나 정작 필요할 때 약의 효과를 못 본다는 것이다.

반대로 항생제를 주어야 할 때는 의사가 처방해준 대로 다 주어야 하는데, 그렇지 않으면 남아 있던 균이 항생제에 대한 저항력을 갖게 돼 다음에 투여해도 약이 듣지 않는다고 한다.

귓병

아는 댁에 초대받았다

식사 시간이 되어

밥 먹자고 해도 두 살 된 아이

들은 척도 안 하고 놀았다

결국 엄마가 아이를 덜렁 들고 왔다

발작이라도 하듯 소리소리 지르고

발버둥 치며 빠져나오려고 했다

엄마는 들은 척도 안 하고 꼭 붙들어

식탁에 앉혀 음식을 주었다

산책을 하려고 밖에 나갔다

아이가 가려는 방향이 아니라

다른 방향으로 손을 끌자

다시 발버둥 치며 난리를 쳤다

왜 그럴까

몇 날 며칠이 지난 후

엄마가 아이를 데리고 놀러왔다

아이는 백팔십도 달라져 있었다

온순하고 엄마가 하라는 대로 말도 잘 들었다

그동안 귀 수술을 했다고 한다

귓병이 난 것을 모르고

오랫동안 방치해두어

귓속을 연결하는 튜브가 손상되었다는 것이다

감기에 걸렸을 때

면역이 약한 아기는 감기에 잘 걸린다. 감기는 바이러스균이므로 박테리아를 죽이는 항생제는 전혀 효과가 없다. 바이러스균은 침투해서 며칠 살 만큼 살다가 죽기 때문에 감기는 앓고 나아야지 치료제가 없다. 그러므로 감기약은 치료제가 아니라 해열제와 마찬가지로 증상을 약하게 해줄 뿐이다.

아기는 감기에 걸리면, 코와 귀 사이가 가까우므로 귓병에 잘 걸린다. 귓병을 방치하면 더 큰 문제를 일으키므로 항생제를 주어야 하는데, 약이 나쁘다고 약 없이 견디게 하려다 더 큰 병을 얻을 수 있다.

감기가 위험한 것은 귓병 또는 폐렴의 원인이 될 수 있기 때문이다. 몸을 따뜻하게 하고 안정을 취하고 충분히 수분을 섭취해야 하는데, 사과 주스 또는 닭국 등이 좋다고 한다. 특히 닭국은 감기나 세균 감염으로 인한 각종 염증을 억제하는 효과가 있다고 한다. 아기가 감기로 코가 막히면 입으로 숨을 쉬어야 하기 때문에 수유하기 어렵다. 약이 흔하지 않았던 시절 어머니가 아기 코나 눈에 모유를 한두 방울 떨어뜨리는 것을 보았는데, 모유에 면역 성분이 있음을 생각하면 아주 근거 없는 것은 아닌 것 같다.

6장

경사 났네
(신체 발달, 한 성장은
다른 성장을 위한 발판)

이게 뭐야

딸랑이를 흔들어주었더니

눈의 초점을 맞추고

주먹을 쥔 채 팔을 뻗어

잡으려는 듯 바둥거린다

손을 아직 폈다 쥐었다 하지 못하지만

관심이 있음에 틀림이 없다

(9주)

일주일 상간으로

무작위로 휘두르던 팔과 손을

자유자재로 움직인다

무엇이 신기한지

혼자 옹알거리다

두 팔을 올려 주먹을 쥔 손을 번갈아 가며

뚫어지게 쳐다보더니

한 손을 펴서 다른 한 손을 만진다

(10주)

전체와 부분

해바라기가 해를 향해 고개를 돌리듯 아기의 성장도 밝은 쪽을 향해 그렇게 나아간다. 눈은 눈대로, 팔은 팔대로, 입은 입대로 각기 발달하다가 합쳐지면 새로운 의미가 주어지고 이것이 발판이 되어 또 다른 전체 안에 한 부분이 된다. 집을 지을 때 나무와 톱과 못은 따로 존재한다. 하지만 이들을 제대로 이용하면 형체를 만들 수 있다. 형체가 이루어져야 다음 단계로 나아갈 수 있듯이 아기의 발달도 마찬가지다.

손가락은 아기의 두뇌

아기들의 손 사용을 통해 아기의 인지 발달 정도를 알 수 있다. 아기들은 손을 보면서 폈다 오므렸다 하는데, 이때 이것이 내 손이고 나의 일부라는 것을 알게 된다. 4개월경에는 외부 물체를 보면 잡으려고 팔을 뻗쳐 손을 편다. 잡히는 대로 입으로 가져와 입술과 혀로 배운다. 눈에 보이는 것을 손으로 만져보고 입으로 느낀 것이 뇌에 입력된다. 이것을 기초로 수많은 정보가 뇌에 기록되기 시작한다.

7개월이 되면 블록 같은 장난감을 움직이고 한 손에서 다른 손으로 움직일 수 있다. 8개월 때면 손잡이가 달린 물컵을 주면 손으로 잡고 입으로 가져가려고 한다. 아기가 손뼉을 치는 것은 손가락을 사용할 준비가 되었다는 신호이며, 10개월이 되면 손가락으로 가리키고 엄지와 검지로 정확하게 작은 물체를 잡는다. 12개월이 되면 책을 넘기고 물체를 꽉 쥐며 장난감을 쌓고 무너뜨리기를 좋아한다. 또한 크레파스를 잡을 수 있고 숟가락으로 음식을 떠 입에 넣을 수 있다. 처음에는 흘리고 서툴지만 시간이 흐르면서 자연스럽게 된다. 24개월이 되면 손가락을 자유자재로 움직이면서 신발을 벗으려고 하거나 지퍼를 채우려고 하거나 물을 따르려고 한다. 손을 사용해 물체의 성질을 탐구하고 할 수 있다는 능력이 생기며 상상 놀이를 한다.

왼손을 주로 사용할 때

아기는 만 1세가 되면 편한 손이 있고, 만 2세가 되면 주로 사용하는 손이 있고, 5세나 6세가 되어야 고정된다. 성인 중에 7~10%가 왼손잡이이며 남자가 여자보다 더 많다고 한다. 왼손잡이가 되는 것은 유전적인 것과 환경적인 이유가 있는데, 부모가 왼손잡이이면 아이도 그리될 확률이 크다.

오른손잡이가 많은 이유 중에 하나는 임신 말기에 대부분의 엄마가 오른쪽에 가깝게 누워 오른쪽이 더 작용을 받는데, 이때 자동적으로 태아의 신경이 오른쪽으로 몰려 오른쪽을 통제하는 뇌 활동이 더 활발하기 때문이라는 견해도 있다. 그리고 엄마가 무의식중에 아기에게 오른손을 사용하도록 자극을 주기 때문이라고도 한다. 세상은 오른손잡이가 편하도록 되어 있으므로 아이가 왼손을 주로 사용하면 오른손을 사용하도록 해주고 싶을 때가 있다.

유전적으로 왼손잡이인데 오른손을 사용하도록 강요하면 아이를 편하게 해주려고 한 의도와 달리 오히려 정신적인 타격을 입어 소심해지고, 실수를 두려워하고, 내성적으로 될 수 있다고 한다. 만 2세가 되면 그림을 그리기 시작한다. 그러므로 강제적으로 교정하려고 스트레스를 주는 것보다 양손을 다 사용할 수 있는 기회를 주되 선택은 아기가 하도록 한다. 왼손잡이의 경우 천재성을 띤 학자, 예술가, 운동가도 많다. 미국 역대 대통령의 다수가 왼손잡이였고, 베토벤이나 피카소 또한 왼손잡이였다고 한다.

"의쌰 의쌰!"

누워 있던 아기가 뒤집으려 한다

아래 몸통은 가만히 있고

왼쪽 어깨를 위로 올리며 위 몸통을 튼다

전혀 젖혀질 것 같지 않다

"의쌰 의쌰!" 응원을 보낸다

제자리로 돌아온다

포기란 건 없다

여섯 번째 "의쌰 의쌰!"

다시 제자리 조금 쉬었다가

일곱 번째 "의쌰 의쌰!"

"뒤집었다!!!" 손뼉 치고 환호성이 터졌다

아이도 기뻤던지 배를 바닥에 댄 채

양 팔다리 치켜들고 바둥바둥거린다

그러나 몇 초 안 되어

무거운 머리와 팔다리 푹 떨구고

얼굴이 빨개지며 낑낑거린다

거북이 뒤집듯 뒤집어주자 또 뒤집으려 한다

두 번째는 세 번 만에

세 번째는 단 한 번에 뒤집었다

뒤집으면 힘들어 쩔쩔매면서 자꾸 뒤집는다

무엇이 그렇게 하도록 만드는지

발달의 힘은 정말 놀랍다

며칠 후 배에서 등으로, 등에서 배로

자연스럽게 엎치락뒤치락했다

(3개월)

안고, 기고, 서기

신체 발달은 머리 쪽에서 다리 쪽으로, 몸통 중심에서부터 손끝·발끝 쪽으로 발달한다. 목, 등뼈, 다리의 순서로 발달한다. 1개월이 되면 고개를 들고, 3개월이 되면 앞쪽에서 뒤쪽으로 뒤집을 수 있다. 뒤집기 전에 고개를 들고 상체를 옆으로 트는 연습을 한다. 4개월이 되면 팔로 몸을 밀어 올리고 다리로 지탱하여 힘을 기른다. 6개월 되면 앉고, 8개월이면 기기 시작하여 1년이 되면 걷기 시작한다. 빠르고 느리고는 개인차가 있지만 순서는 바뀌지 않는다.

한 성장은 다음 성장의 발판이 된다

어느 인디언 스승과 소년의 이야기다. 스승은 희귀한 나비 누에고치를 소년에게 맡기고 무슨 일이 있어도 만지지 말라고 했다. 소년이 유심히 바라보는데, 누에고치 안에서 나비가 밖으로 나오려고 갖은 애를 쓰며 파닥이고 있었다. 소년은 불쌍해서 누에고치 껍질을 손으로 벗겨주며 밖으로 나오게 도와주었다. 나비는 날아가려고 날갯짓을 하다가 그만 땅에 떨어져 죽고 말았다. 누에고치에서 있는 힘을 다해 날개를 파닥이며 껍질을 깨는 동안 날아갈 수 있는 날개의 힘을 기르는 것이다. 다음 성장을 위해 아기 스스로 충분히 연습해야 하는 법인데, 도와준 것이 오히려 해가 될 수 있다는 교훈이다.

강제로 안 하길 잘했다

밤중에 작은아기가 깼다

수유할 시간이다

옆에 놓여 있는 아기 침대

전기를 안 켜도 익숙해진 손놀림

더듬더듬 꼼틀대는 아기를 꺼내 품에 안는다

아기는 기대라도 했다는 듯 조용해졌다

침대에 걸터앉아

수유하려는데 무언가 이상하다

착 달라붙지 않는다

구부러지지 않고 일자이다

머리 다리 분명히 있다

아기는 숨소리조차 내지 않았다

얼른 전기를 켰다. 그리고

기절하는 줄 알았다

얼굴이 아니라 아기 뒤통수가 보였다

분명히 반듯하게 뉘었는데

자는 사이 뒤집었던 것이다

아찔한 순간

아기는 얼마나 황당했을까

강제로 하지 않기를 참 잘했다

(3개월)

똑바로 뉘어놓는다

아기는 엄마보다 빠르고 힘도 세다. 눈 깜짝할 새 생각지도 못한 일이 벌어질 수 있다는 것을 항상 염두에 두고 직감이 안 좋으면 얼른 시정해 사전에 예방해야 한다.

과일이 때가 되면 익듯이 정상적이고 건강한 아기는 때가 되면 앉고 기고 선다. 스스로 앉지 못하는 아기를 의자나 등을 받쳐 구부정히 앉히는 경우가 있는데, 영아 전문가인 마그다 거버는 이때 아기 허리에 상당한 스트레스를 준다고 했다. 서는 연습을 시키는 것도 마찬가지다. 아기를 누일 때 똑바로 뉘어주는 것이 가장 좋은 방법이다. 손과 발을 자유롭게 움직여 힘을 기르고, 원하는 자세로 움직이여 다음 단계로 성장한다.

옆집 아기 우리 아기보다 빠르다

옆집 아기는

발발발 안 기어 다니는 데가 없다

한 달 빠른 우량아 우리 아기

탁자를 붙들고 왔다 갔다 할지언정

길 생각을 안 한다

백화점 아기 기는 행사에

참여하자고 한다

비교되는 것 같아

은근히 스트레스받는다

눈도 맞추고 방긋방긋 웃고

말귀도 잘 알아듣고

하지 말라고 하면 하지 않고

기다릴 줄도 안다

그러나 신체 발달이

평균 두어 달 늦는다

걱정할라치면 다음 단계로 넘어간다

기지 않고 걷는 아기도 있다

기는 것은 빠르면 6개월에서 늦으면 10개월에 시작하는 아기도 있다. 기기 전에 준비운동으로 팔과 무릎을 펴 몸을 지탱하고, 앞으로 뒤로 왔다갔다 움직이며 힘을 기른다. 기는 행동은 앉는 행동에 비해 방법이 다양하다. 처음부터 몸통을 들고 팔과 무릎을 움직이는 아기도 있고, 온몸을 바닥에 대고 배밀이로 가고, 팔로 밀어 뒤로 가고, 앉아서 엉덩이로 움직이는 아기도 있고, 때로는 기지 않고 곧바로 걷는 아기도 있다고 한다.

발달이 빠른 아이가 있고 자극이 필요한 아기가 있다. 경쟁 시대에 살면서 빠르면 좋겠지만, 늦어도 나름대로 잘 클 것이라는 신념을 갖은 엄마도 때로는 혼란을 겪을 수 있다. 그냥 두어도 되는지, 아니면 자극을 주어야 하는지 상황 판단을 잘하여 적절한 방법을 취하도록 한다.

정상과 비정상

통계학적으로 볼 때 발달 성장 분포곡선에서 중간의 95%가 정상이라고 하면 아주 빠른 2.5%와 아주 느린 2.5%를 비정상으로 보기도 한다. 정상 안에서 빠르고 느린 것과 비정상 안에서 빠르고 느린 것은 구별해야 한다. 대부분은 정상 안에서 빠르고 느린데, 비정상일 경우에는 빠른 것도 주위 깊게 봐야 하겠지만 늦은 경우는 장애가 있는지 살펴 조기 치료를 해야 한다. 정상인데 필요 이상으로 걱정하는 것도 문제지만, 비정상인데 그냥 묵인하고 넘어가는 것은 더 큰 문제를 야기할 수 있다. 이것은 물이 샐 때 빨리 막으면 1개로 막을 수 있는 것을 그냥 두었다가 10배 또는 아예 막을 수 없는 것과 같다.

조금만 더

이제나저제나

앞으로 전진하기를 기다렸지만

배를 바닥에 댄 채 꼼짝을 안 한다

손에 닿을락 말락 한 거리에

좋아하는 장난감을 놓아주었다

몸을 움직여야 잡을 수 있다

발로 몸을 밀고 엉덩이를 꿈틀거리며

온 힘을 다해보았지만

몸이 움직이지 않는다

갑자기 자지러지는 괴성을 빽 지른다

몸을 지탱한 팔 하나 떼는 것이

그토록 힘들 줄이야

(9개월)

주위 환경은 안전한가

아기가 기기 시작하면 기쁘다. 하지만 문제는 그때부터다. 팔을 떼고 무릎을 떼기 시작하면서 온갖 안 가는 곳이 없고 만지지 않는 게 없다. 호기심이 많아지는 만큼 위험이 도사리고 있다. 조그만 구멍에 손을 넣고, TV 버튼을 누르고, 줄이나 테이블보를 잡아당기고, 주방의 기구를 꺼내고, 위험한 것을 입에 넣는다. 특히나 손에 닿지 않도록 놓은 것에 관심을 갖고 손을 뻗어 잡아당긴다. 일일이 쫓아다니며 못 하게, 못 만지게 막을 수 없으므로 아기의 눈높이에서 주위 환경을 안전하게 해주어야 한다. 아무리 조심을 해도 눈 깜짝할 사이에 일이 벌어질 수 있으므로 엄마의 눈길은 항상 아기와 연결되어 있어야 한다.

어느 정도 두려움은 아이의 안전을 위해서 필요하다. 두려움은 사실에 근거한 것으로 생존에 필요한 것이지만, 공포는 다르다. 언어가 생기기 이전 경험한 공포는 무의식 속에 뇌가 기억하고 있어 이유 없는 공포의 원인이 될 수 있다고 한다. 층계는 아기를 유혹한다. 무조건 올라가고 본다. 올라가서야 내려가지 못해 심하게 공포를 느끼면 나중에 높은 곳에 올라갔을 때 어릴 때 느꼈던 그 공포가 되살아나 고소공포증이 생길 수 있는 것이다.

위험을 막기 위한 한 가지 방법은 층계 사이나 가지 말아야 할 곳에 칸막이를 쳐주는 것이다. 또한 엄마가 아기에게 잠시 눈을 떼고 일을 해야 할 경우 사방이 막힌 아기 놀이 공간 또는 놀이 통에 부드러운 장난감 인형 같은 안전한 것을 넣어주어 놀게 한다.

따로따로

아기가 걷기 전에

손으로 붙들고

섰다 앉았다 왔다 갔다 한다

스스로 연습하며

다리의 힘을 기르고 균형 잡는다

그러다가 따로 서게 되고

한 발을 뗀다

평생을 걸어 다닐 텐데

왜 그렇게 대견하고 신기한지

넘어져 무릎이 깨지고

다칠 위험이 있을망정

기뻐해주고 반겨주는

엄마 아빠를 향해

걸음을 뗀다. 아니,

뛰어간다

아기가 걷기까지

걷기 전 아기를 잘 관찰해보면 놀랍기 짝이 없다. 걸음마는 수많은 세포 연결과 노력의 결과로 이루어지는 것이다. 첫 번째 발을 떼기까지 몇 달 동안 의자나 탁자를 붙들고 왔다 갔다 하다가, 섰다 앉았다 하며 연습을 한다. 무거운 머리를 조절하여 몸의 균형을 잡아야 하고, 다리의 뼈와 근육이 튼튼해져야 하며, 발을 움직이는 감각이 있어야 걸을 수 있는 거다. 보통 12개월에서 15개월 사이에 걷는데, 여자 아기가 남자 아기보다 조금 빠르다고 한다.

빨리 걷고 늦게 걷는 차이에 연연하기보다는 평균치 연령을 참고하도록 한다. 한두 달 빨리 걷는다고 해서 나중에 더 잘 걷는 것이 아니다. 많은 시간을 투자해 걷는 연습을 시켰을 때 한두 달 빨리 걸었다는 연구가 있다. 평생 걸을 텐데 몇 달 빨리 걷게 한다고 달라질 것이 무엇인가.

때로 둘째 아기가 늦게 걷는 경향이 있다고 하는데, 그것은 다칠까봐 자신을 보호하기 위한 것이라고 한다. 또한 아기가 원하는 것을 척척 알아서 해준다면 말할 필요성을 느끼지 못해 늦어질 수도 있다.

맨발의 아기

처음 걸을 때는 똑바로 걷지 못하고 서툴지만 차츰 자연적으로 괜찮아진다. 신발은 어떤 것이 좋을까. 연구 결과를 보면 아기는 어른처럼 뒤꿈치에서 발가락 쪽으로 걷기 때문에 특별히 보조 신발이 필요 없다고 한다. 맨발로 자란 아기들이 신발 신고 자란 아기들보다 발과 관련된 문제가 적었다고 한다. 맨발은 신발을 신은 것보다 근육 발달을 도와주고 튼튼하게 해준다. 밖에서는 보호해주기 위해 양말을 신기고 신을 신기지만, 집 안에서나 안전한 곳에서는 맨발로 다니게 하는 것이 좋다고 한다.

경사 났네

엉거주춤하는 아이

참아라, 손을 잡고 화장실

아기 변기에 앉힌다

으응가, 으응가…

장단에 맞추어

엄마도 함께 힘을 준다

그렇지, 그렇지

우아! 잘했다, 잘했어

해냈다, 해냈어

기저귀 떼었다

경사가 났다

박수 치고 쓰다듬고 꼭 안아준다

과거 급제가 부러우랴

승승장부 우리 아이

할머니 할아버지께 전화드리고

한바탕 덩실덩실

배변 훈련

아이가 기저귀를 빨리 떼기를 엄마는 바란다. 12개월 정도가 되면 배변을 규칙적으로 하는데, 그 시간에 맞추어 배변 통에 하게 하는 것은 엄마가 아기에게 맞추는 것이지 아이 스스로 하는 것이 아니다. 배변 훈련이 되었다는 것은 배설하고 싶을 때 즉석에서 하는 것이 아니라 조금 참았다가 변기 또는 지정된 장소에 가서 하도록 하는 것이다.

배변 훈련은 신체적으로 준비가 되어야 하는데, 18개월 이후가 되어야 항문 괄약근을 조절할 수 있다고 한다. 배변하기 전 어느 한구석에 가서 엉거주춤하고 엄마의 눈치를 보며 힘을 준다면 배변 훈련을 할 준비가 되었다는 신호이다. 저자의 경우 24개월 이후에 시작해서 일회용 팬티를 입히기까지 약 3개월 걸렸다.

정신분석학자 프로이트는 아기의 배변 훈련에서 엄마의 역할이 아기 성격 형성에 큰 영향을 준다고 했다. 아기는 참았다가 배설을 하는 과정에서 기쁨을 느끼며, 배변하는 것이 주위 사람들에게 어떤 영향을 미치는가를 알게 되어 자신을 표현하는 데 사용하는 무기로 삼을 수 있다. 신체적·정신적으로 준비가 안 되었는데 강요하면 배변을 두려워할 수 있고, 심하게 야단을 치면 수치심이 생길 수 있다.

배변 훈련은 엄마의 인내와 여유가 필요하다. 엄마가 기뻐해주고 자랑스럽게 느끼도록 해준다면 자긍심과 성취감을 느낄 것이다. "아빠처럼" 또는 "엄마처럼" 하면서 용기를 주고, 아기만의 변기를 사주면 내 것이란 점에서 아기가 좋아한다. 특히나 기저귀에서 팬티로 입는다는 것에 대해 자부심을 갖게 된다.

성기를 만진다

목욕을 시킬 때나 옷을 벗겨놓은 상태에서 아기가 성기를 만지작거릴 때가 있다. 못 하게 막아야 할 것 같은 생각이 들지만 이것은 어른의 잣대다. 영유아가 성기를 만지는 것은 눈, 코, 입을 만지는 것처럼 자신의 신체에 대해 탐구하는 것이므로 극히 자연스러운 호기심이다. 그렇다고 해서 만지라고 또는 만지지 말라고 할 수는 없다. 눈으로 보면 호기심에 만질 수 있으니까 옷을 벗겨놓지 말고 기저귀를 채우거나 팬티를 입혀주면 금방 잊는다. 또한 재미난 장난감을 주거나 관심을 다른 데로 돌려주면 된다. 만지지 말라고 야단을 치거나 과잉 반응을 보이면 느낌이 좋은데 못 하게 한다는 것 때문에 더 집착하게 되며 몰래 뒤에서 만지는 습성이 생길 수 있다. 그 결과 하지 말라는 것을 하는 것이기 때문에 죄의식과 성은 나쁘다는 잘못된 성 개념을 갖게 될 수 있다.

7장

살아 있는 밥그릇
(인지, 놀이, 장난감, 언어)

감각과 움직임을 통해 배운다

발달심리학자 피아제는 자신의 자녀를 관찰하고 대화한 것을 바탕으로 인지 발달 이론을 수립했다. 태어나서 2살(24개월)까지 아기는 움직임을 통해 감각으로 배운다고 했다. 눈으로 보고 손으로 만지고 입으로 느끼고 코로 냄새를 맡으면서 배우는 것이다. 이 시기를 다시 6단계로 나누었는데, 각 단계마다 반복적인 행동을 통해 완성하고 다음 단계로 넘어간다. 연령은 아기에 따라 차이가 있지만 순서는 변하지 않는다. 빨리 다음 단계로 넘어가는 것보다 각 단계에서 충분한 경험을 하도록 해준다.

인지 발달단계

1. 반사적 행동(출생~1개월) : 반사적으로 빨고 팔을 움직인다.
2. 자신의 신체를 발견(1~4개월) : 팔다리를 움직이며 자신의 신체를 발견하고 관심을 보인다. 반사적으로 움직이던 손가락을 입으로 가져간다.
3. 관심이 외부 대상으로 전이(4~10개월) : 팔을 뻗치고 물건을 잡아당기며 외부에 관심을 갖는다.
4. 원인과 결과(10~12개월) : 원하는 물건을 잡으려고 앞에 놓인 물건을 손으로 치운다. 이불 속에 장난감을 감추면 이불을 치운다.
5. 다양한 실험(12~18개월) : 새로운 문제 해결을 위해 그리고 결과를 기대하며 다양한 실험적 행동을 한다.
6. 상상력(18~24개월) : 눈에 보이지 않아도 존재한다는 것을 알게 된다. 엄마와 떨어져도 다시 올 거라는 사실을 안다.

"앗, 뜨거!"

팔을 뻗쳐 뜨거운 커피 잔에 손을 대었다

엄마도 놀라고 아기도 놀랐다

반사적으로 팔을 움츠리더니

엄마의 반응을 살폈다

커피 잔을 앞에 놓고 고개를 저으며

"앗, 뜨거!"를 여러 번 했다

다시 한 번 아기 손을 가져다 대며

그 뜻을 확실하게 해주었다

다시는 마시는 커피 잔에 손을 대지 않았고

"앗, 뜨거!" 하면 만지지 않았다

(7개월)

문제가 생겼을 때 배울 기회로 삼는다

아기가 3, 4개월이 되면 외부 물체에 관심을 갖기 시작하며 손을 뻗쳐 만지거나 잡아당기기도 한다. 7~8개월이 되면 기어 다니기 시작하며 간단한 말귀는 눈치로라도 알아듣는다.

아무리 조심해도 순간적으로 위험한 일이 벌어질 수 있으므로 아기에게 세상에는 안 되는 것이 있다는 점을 차츰 알게 해주어 스스로 통제하는 것을 가르쳐야 한다. 아기는 감각을 통해 배우므로 문제가 생겼을 바로 그 즉시 경험한 것을 말로 해주면 자동적으로 뇌에 입력될 것이다. 가르친다고 강제로 뜨거운 잔에 아기 손을 대어 놀래키면 오히려 공포와 불신이 생겨 역효과가 날 수 있다.

주방은 공부방

기어 다니는 아기

쫄래쫄래 엄마를 따라다닌다

저녁 시간 밥하는 시간

아기의 공부 시간

주방은 공부방

엄마가 일하는 동안

싱크대 안에 냄비 세트

나무 주걱 테니스공

모두 꺼내놓고

혼자 잘 논다

뚜껑을 열고 닫고 짝을 맞추고

공을 넣었다 빼냈다 숫자 배우고

주걱으로 두드리며 리듬을 배운다

저녁 다 했다 아가야,

차곡차곡 정리해 넣어놓고

내일 다시 놀자

놀이를 통해 배운다

아이가 깨어 울거나 보살핌을 받는 시간을 제외하고는 놀이 시간이다. 아이는 놀이를 통해 배우므로 노는 게 공부다. 자유롭게 혼자 놀면 스트레스도 해소되고 성취감과 창작력 그리고 집중력이 좋아진다.

2개월까지는 손에 잡히는 것은 입으로 가져가거나 흔들어보고 두드려보고 던져보며, 크고 작고 가볍고 무겁고 부드럽고 거칠다는 물체의 성질을 배운다. 걸음마를 시작하면 아기는 호기심 그 자체로 주변의 모든 것이 관심과 실험 대상이 된다. 물체를 움직이며 변화를 보고 조작하는 훌륭한 과학자가 된다. 어떤 결과를 기대하며 반복적으로 열었다 닫았다 꺼냈다 넣었다 하는 놀이를 좋아하는데, 이런 행동을 통해 원인과 결과에 대해 배우고 눈에 보이지 않아도 존재한다는 물체의 영구성을 습득하게 된다. 그리고 이는 인간 지능 발달에 획기적인 전환점이 된다.

열고 잠그고

"편지 가지러 가자." 하면

벌떡 일어나

열쇠를 가지고 와서는

좋아서 껑충껑충 뛰며

앞장서서 나간다

열쇠 구멍에 열쇠를 넣고

문을 열고 편지를 꺼내고 다시 잠근다

열고 잠그고, 열고 잠그고

무엇이 그렇게 신기한 건지

계속하겠다고 한다

언제까지 하려는지

더 하겠다고 떼를 쓴다

엄마는 인내가 필요하다

(16개월)

내가 할래

언제부터인가 뭐든지 "내가" 하려고 한다. 양말을 잡아당겨 벗으려 하고, 신을 신으려 하고, 혼자 옷을 입으려 한다. 스스로 하는 것은 좋지만 엄마가 힘들어지기도 한다. 바쁜데 아이가 한다고 꾸물거리면 엄마는 짜증이 날 수도 있다.

미운 2살이라는 말이 있다. 그동안 엄마가 하고자 하는 대로 했는데, 이제는 혼자 하겠다고 고집을 쓰거나 무조건 싫다고 저항하면 엄마는 당황한다. 하지만 이러한 행동은 아이가 의지를 표현하고 머리를 쓴다는 것이므로 기뻐해야 한다. 말 잘 듣던 아이가 변했다고, 옛날로 돌아가기를 기대하기보다는 아이에 맞추어 엄마도 변해야 한다. 더불어 밭에 야채를 심으면 야채와 잡초가 함께 자라듯 아이가 성장한다고 바람직한 것만 성장하는 것은 아니다. 가꿀 것은 가꾸고 뽑아주어야 할 것은 뽑아주어야 한다.

스스로 성취할 수 있는 시간을 준다

아이가 애쓰는 것이 안타까워 보이거나 서투르거나 답답하다고 엄마가 해주면 아이 스스로 성취하여 얻는 기쁨을 빼앗는 것이 되어 화를 내거나 포기해버린다. 스푼으로 음식을 먹기까지, 입에 들어가는 것보다 흘리는 것이 더 많다. 하지만 그런 시행착오를 거치며 신경이 발달하고 할 수 있다는 자신감이 생긴다. 목표를 달성하면서 성취감을 느끼므로 아이가 할 수 있는 경험을 많이 하게 해줄수록 좋다.

러시아 철학자 비고츠키(Vygotsky)는 '근접 발달 영역(Zone of Proximal Development)'이란 이론에서 아이는 혼자 할 수 없지만 엄마의 최소한의 도움으로 성취할 수 있을 때 배운다고 했다. 아이가 할 것을 대신 해주는 것이 아니라 아이가 스스로 하게 두다가 도움 없이는 안 될 것 같을 때 또는 아이가 원할 때 최소한의 도움을 주면 최대 효과를 볼 수 있다고 했다.

마그다 거버의 부모 교육

마그다 거버 선생님이 운영하는 놀이방은 2시간 프로그램으로 부모와 아기가 함께 참여한다. 대여섯 명의 또래 아기들을 한데 모아 놀게 하면 엄마들은 한쪽 벽으로 가서 조용히 보고 있어야 한다. 선생님은 아기의 눈높이로 앉아서, 때로는 엎드려서 아기들의 움직임을 지켜본다. 한 장난감을 서로 붙들고 빼앗기지 않으려 할 때, 다른 아기의 등을 타 넘고 기어가려 할 때마다 뒤에서 보는 엄마들은 불안, 불안하다. 하지만 마그다는 아기들이 스스로 해결할 수 있다는 것을 믿고 가까이서 지켜보다가 정말 도움이 필요할 때에만 약간의 도움을 준다. 또래의 아기 머리를 움켜쥘 때에는 살살 하라고 하며, 어떻게 하는지 보여준다.

아기의 집중력은 짧으면 몇 십 초, 길면 2~3분이라고 하지만 그것은 상대적이다. 관심이 있는 것은 몇 십 분이라도 집중한다. 한 아기가 카펫 틈이 있는 곳에 손가락을 넣고 튕기는지, 뜯는지, 잡아당기는지 거의 30분 동안이나 몰두했지만 선생님은 그냥 두었다. 2시간 놀이에 그렇게 시간을 보내면 비싼 돈이 아까울지도 모른다. 하지만 엄마는 아주 좋은 교훈을 배웠다. 아이는 관심이 있으면 집중한다. 집중력을 가르치려면 아이가 몰두해 있을 때 그대로 두는 것이다.

아기에게 무엇인가를 해주어야 한다는 압박감에 많은 것을 해주려고 하면 엄마도 힘들고 오히려 아기가 흥미를 잃을 수 있다. 엄마가 해결해주면 아이가 빨리 클 것 같지만 그것은 엄마 중심 교육이다. 지켜봐주며 스스로 문제를 해결할 수 있도록 인내로 지켜보는 것이 아기 중심 교육이다.

어떻게 배웠나

볼펜에 뚜껑을

끼웠다 빼었다 한다

그것이 그렇게 재미있을까

신통하다

책을 거꾸로 주자

몸을 움직여 똑바로 보았다

위아래를 구별하는구나

영특하다

안경을 찾느라 더듬거리는데
아이가 찾아주었다
급한 대로 도움을 받았다
기특하다
(16개월)

우리 아기의 지능은

　지능검사는 수리와 언어 중심이므로 세상에 대한 정보가 없고, 언어가 발달하지 않은 아기는 정확한 테스트를 할 수 없다. 단지 발달에 따른 감각 반응으로 측정할 뿐이다. 그러므로 아기의 경우 지능검사(IQ)라기보다는 발달 검사(DQ)이다. 잘 알려진 베일리 검사(Bayley scales of Infant Development)는 2개월에서 2세 반까지 감각 능력과 손과 신체 발달을 측정한다.

　신체 발달 검사로 지능지수를 알 수 없는데, 그 이유 중에 하나는 아기를 정확하게 잴 수 없기 때문이다. 아기는 낯선 사람에 대한 두려움, 졸리고, 배고프고 등 다양한 이유로 모든 능력을 재기 힘들다. 베일리 발달 검사보다는 피아제 이론을 바탕으로 한 기억력 검사와 물체의 영구성 검사가 오히려 학년 전 때 지능지수를 예측할 수 있다고 한다.

　아기 평가는 특수아를 가려내는 데 의미가 있다. 대부분 지능은 96%가

70에서 130에 속한다. 발달이 아주 늦은 아이를 가려내어 조기 특수교육을 시키기 위한 도구로 사용한다. 지능지수에 연연하기보다는 아기가 자유롭게 놀게 놔두고, 엄마를 필요로 할 때 충분히 관심을 주는 것이 아기 지능 발달에 도움이 될 것이다.

옳지 옳지 오올치

공 굴리기 잘한다

운동선수 되려나

장단에 두드린다

음악가가 되려나

유심히 바라본다

과학자가 되려나

끝없이 펼쳐지는

엄마의 행복한 꿈

가드너의 다중성 지능

하버드대학 가드너 교수는 인간 지능을 여덟 영역으로 구분하였다. '언어적 지능, 논리·수학적 지능, 시간·공간적 지능, 음악적 지능, 신체·운동학적 지능, 대인 관계 지능, 자기 이해 지능, 자연 탐구 지능'이 있다고 했다. 타고나는 재질도 있지만, 지능은 서로 연결되어 있으므로 어느 한쪽에 치우치는 것보다 다양한 경험을 하도록 환경을 만들어준다.

아기가 뛰어놀 수 있는 공간 그리고 조용하게 앉아 놀거나 노래를 듣고 책을 읽을 수 있는 공간도 필요하다. 계절에 따라 자연의 변화와 소리를 듣게 해주는 것도 필요하고, 또래와 함께 놀게 해주는 것도 사회성 발달에 도움이 될 것이다. 특별히 따로 시간을 내는 것보다 목욕을 시킬 때 물과 관련된 놀이를 하게 하고, 비가 오면 우산을 들고 나가 빗소리를 듣고, 잠자기 전에 클래식 음악이나 자장가를 들려주는 등 일상생활에 접목하여 아기가 경험하고 관심을 갖도록 해준다.

곤지곤지 짝짜꿍

까꿍까꿍 얼굴을 가렸다 나타냈다
쥠쥠 주먹을 쥐었다 폈다
곤지곤지 손바닥에 다른 손 검지로 찧는다

도리도리 고개를 좌우로 흔든다

짝짜꿍 손뼉 치며 즐거움을 표시한다

부라부라 걸음마 걷기 전

아기의 허리를 양손으로 받쳐 좌우 움직여준다

처음에는 엄마가 아기에게 해보라 하고

나중에는 아기가 엄마에게 해보라 하며

즐겁게 논다

아기와 함께하는 놀이

아기와 함께하는 즐거운 시간은 지능 발달과 정서 발달에 아주 중요한 역할을 한다. 아기와 놀아준다는 것은 아기의 수준에서 함께 즐거운 시간을 보내는 것이다. 함께 놀며 엄마는 아기의 발달을 체크할 수 있고 도전할 수도 있다.

엄마가 "짝짜꿍!" 하며 따라 하라고 손동작을 해본다. 아기가 따라 하면 모방 능력을 갖추고 있다는 것이다. 시간이 지나 동작을 보여주지 않고 말만 해도 그 동작을 하면 말을 알아듣는다는 것이다. 더 발달하면 아기가 짝짜꿍 손동작을 하며 엄마를 보고 반응을 살피는데, 이는 예측할 수 있다는 것이다. 즉, 6개월 정도 되었을 때 눈을 크게 뜨고 웃는 얼굴로 살짝 "까꿍!" 하고 놀래키면 아기가 웃는다. 때로는 소리 내서 웃기도 한다. 8개월 정도 되었을 때 손으로 얼굴을 가렸다가 나타내며 "까꿍!" 하면 좋아한다. 눈에 보이지 않으면 없는 것으로 아는데, 얼굴을 가렸다 보였다 하는 동안 눈에 보이지 않아도 존재한다는 사실을 배우는 것이다.

함께 놀아줄 때 일방적으로 아기를 즐겁게 해주는 것이 아니라 내 차례 네 차례 주거니 받거니 하며 아기가 반응할 시간을 주고, 기쁘게 반응해주는 것을 통해 바람직한 부모-자녀 관계가 형성된다. 엄마가 아기 말을 들어주어야 아기도 엄마 말을 들어줄 것이다. 엄마가 기쁘게 반응해주는 것은 동기유발을 일으키지만, 반응이 없으면 좌절하여 포기와 무기력을 느낄 것이다. 결국 누구나 인정받고 싶은 것이 인간의 심리이다.

전래 놀이의 의미

함께 놀아주는 우리나라 전통 아기 놀이에는 현명한 옛 조상들의, 아기가 잘 크라는 바람과 자연과 이치를 가르치는 교육철학이 담겨 있다. 까꿍(깎꿍/깍꼭 : 각궁, 覺弓)은 우주의 근본을 깨달으라는 것이고, 죔죔/죄암죄암(잼잼/지암지암 : 지암, 持闇)은 주먹을 폈다 오므렸다 하며 세상의 밝고 어두운 것을 잘 분별하라는 뜻이며, 곤지곤지(坤地坤地)는 음양의 조화를 알아 땅의 이치를 깨닫고, 도리도리(道理道理)하며 고개를 좌우로 움직이는 것은 자연의 이치대로 살아가라는 뜻이라 한다. 짝짜꿍(짝짝꿍 : 작작궁, 作作弓)은 손바닥 치며 자연의 섭리에 기뻐하고, 부라부라(불아불아, 弗亞弗亞)는 무럭무럭 커서 세상을 건강하고 밝게 살아가라는 소망이 담겨 있다고 한다.

살아 있는 밥그릇

마룻바닥에

기저귀를 찬 맨발의 아이

손에 나무 주걱을 쥐고

밥그릇 하나를 가지고 논다

엎었다 뒤집었다

바닥에 던져본다

뱅글뱅글 떼구루루

굴러가는 것을 바라보다

멈추면 쫓아가서

주걱으로 치고

밀어젖히며

한참을 가지고 논다

(18개월)

조작할 수 있는 것이 좋다

장난감이 아이를 위해 있는 것이지, 아이가 장난감을 위해 있는 게 아니다. 즉, 아이가 직접 조작하여 호기심을 채우고 불러일으키는 것이 좋다.

마그다 거버의 육아 방법을 사용하는, 명성 있는 영유아원에서 아이를 관찰할 기회가 있었다. 이곳에 들어가려면 아기가 태어나기 전부터 신청해야 한다고 한다. 교실 이미지보다는 집과 같은 편안한 환경이었다. 아이들도 편안한 옷차림에 맨발로 있었다. 색다른 장난감을 기대했으나, 정작 아이가 갖고 노는 것은 나무 주걱과 밥그릇 등 주방에 흔히 볼 수 있는 것들이었다. 유명한 어린이집이란 것을 몰랐더라면 초라한 모습이라 생각했을지도 모른다. 하지만 모든 것이 계획된 것이었다.

발달에 적합한 장난감

어떤 장난감이 좋은지 모를 때는 아기의 행동을 관찰하면 아이디어가 생긴다. 영아는 장난감을 입에 넣으므로 안전이 우선이다. 손을 폈다 쥐었다 자유자재로 할 때 딸랑이를 주면 흔들면 소리가 난다는 것을 알게 된다. 이가 나려고 할 때 깨물 수 있는 것을 준다. 두드리며 입에 넣기 시작하면 그것에 맞추어 주둥이가 있는 투명한 플라스틱 시럽 통이나 물통 하나도 좋은 장난감이 된다. 입에 넣어도 되고 두드릴 수도 있다. 조금 발달한 경우 통 안에 물체를 넣고 뚜껑을 안전하게 막아주면 좋은 딸랑이가 된다.

기어 다니기 시작할 때 굴러가는 것을 주고, 걷기 시작하면 끌고 다닐 수 있는 것이 좋다. 엄지와 검지를 사용하여 물건을 잡을 때는 손으로 조작할 수 있는 것이나 간단한 퍼즐도 좋다. 모양을 맞추는 것이나 모양대로 구멍에 넣어 맞추는 장난감은 지능 발달을 도와준다.

12개월이 되면 밀면 밀쳐지고, 당기면 따라오는 것과 같은 원인과 결과에 대해 알게 된다. 블록은 쌓고 무너뜨리며(쌓은 것을 무너뜨리며 쾌감을 느낀다) 나란히 줄을 잇기도 하고 다양한 용도로 갖고 놀 수 있는, 상상력을 키워주는 좋은 장난감이다. 끌고 다니는 차도 되고 통에 담을 수 있는 물체도 된다. 작은 물건을 한군데 모아 통에 넣었다 다시 다른 곳으로 옮기는 것을 반복한다.

18개월에서 24개월이 되면 엄마의 도움 없이 혼자 하려는 의지가 강해진다. 또한 엄마 아빠의 행동을 모방한다. 업어주고 안아주고 재워주는 등 보살펴줄 수 있는 장난감은 아기의 감성을 키워주는 데 좋다. 또한 작은 공간에서 아늑함을 느끼는데, 텐트나 종이 박스는 아기가 안전하게 놀 수 있는 좋은 놀이 공간이 된다.

많다고 좋은 것이 아니다

장난감이 많다고 그것을 아기가 다 갖고 노는 것은 아니다. 양보다 질이라고, 양이 너무 많으면 자극이 너무 커 오히려 관심을 잃을 수 있으므로 한 가지로 깊이 갖고 노는 것도 괜찮다. 생일이나 크리스마스 때 장난감 선물을 많이 받는다. 한꺼번에 다 주는 것보다 두었다가 시간이 지나면서 한 가지씩 꺼내주는 것도 한 방법이다.

짝이 맞지 않거나 망가진 것은 실망이나 좌절감을 주므로 미련 없이 버리는 것이 좋다. 의도에 맞지 않게 파괴적인 행동을 보일 때 강제로 못 하게 하거나 빼앗기보다는 조용한 곳에 가서 쉬게 해주거나 다른 데로 관심을 돌리게 하여 자연스럽게 방향을 바꾸어준다.

생활환경 속의 장난감

시중에 좋은 장난감이 많지만, 집에서 사용하는 물건도 좋은 장난감이 될 수 있고 폐품을 재활용하여 만들어줄 수도 있다. 주방용품이나 그릇 통도 좋은 장난감이다. 전기 스위치를 올리고 내리며 전기를 껐다 켰다 하거나 열쇠를 돌려 문을 여는 것도 좋아한다. 목욕탕에서 물놀이하는 장난감도 좋다. 신문지, 종이 포장지도 좋은 장난감이다. 손으로 잡고 흔들고 구기며 변하는 모양과 소리에 흥미를 느낀다. 아기가 잡아당기는 것을 좋아할 때 박스 통에 스카프 여러 개를 줄줄이 묶어 넣어주면 아기는 그것을 빼내면서 호기심을 보일 것이다. 크기가 다른 냄비와 뚜껑을 주면 크기대로 맞추고 열었다 닫았다 하며 시각적·공간적 정보를 얻고, 테니스공이나 콩을 넣은 놀이 주머니를 주면 그릇과 그릇에 옮겨 담으며 재미있게 놀아 집중력도 발달하고 숫자에 대한 기본 개념을 접하게 될 것이다.

남자아이가 인형을 가지고 논다

아이가 인형을 좋아한다

등에 업혀달라고 하고

밖에 나갈 때 들고 나가고

잘 때도 같이 자려고 한다

성의 정체성에 혼란이 있는지

반대 정체성을 키우는 건 아닌지

은근히 걱정되었지만 두고 보았다

인형 놀이가 전체 놀이의 한 부분이었지

그것이 주가 아니었으며

얼마를 가지고 놀다 관심을 잃었다

여자 장난감, 남자 장난감

　만 3, 4세가 되면 남자는 남자, 여자는 여자라는 정체성을 알게 되어 장난감의 선택과 놀이 내용이 달라진다. 남자아이는 트랜스포머를, 여자아이는 바비 인형을 갖고 논다. 성에 대한 정체성을 타고나는 것인지, 환경적인 것인지에 대한 의견이 분분하다. 최근의 뇌 연구는 성에 대한 정체성은 타고난다는 이론을 뒷받침하고 있다. 남자로 태어난 아기를 포경수술 하다가 의사가 실수하여 부모와 합의하에 여자로 키웠는데, 끝내 여자로 적응하지 못하고 남자로 돌아갔다고 한다.

　영아기는 남녀 모두에게 필요한, 세상에 대한 기본과 이치를 아는 과정이므로 골고루 경험할 수 있도록 환경을 만들어주되 선택은 아이가 하도록 한다.

TV 볼래요

아기가 말귀를 알아들어

비밀 이야기를 함부로 못 하고

신호를 보내야 한다

좋아하는 프로그램 말만 꺼내면

얼른 TV 앞에 가서 앉는다

빨리 안 나오면 짜증을 낸다

(16개월)

TV는 바보상자

TV(비디오 영상)에 전혀 관심이 없는 아기도 있지만, 유난히 빨려 들어가는 아이도 있다. 아이가 한참 말썽을 부리다가도 TV를 틀어주면 조용히 앉아서 본다. 직접 참여하고 조작하고 탐구할 때의 뇌 활동과 수동적으로 즐거움을 느낄 때의 뇌 활동이 다르다고 한다. TV의 빠른 움직임과 시각적 자극은 아이를 수동적으로 만든다.

좋은 교육 프로그램도 많이 보면 해가 된다

요즈음 아이를 위한 좋은 TV 또는 컴퓨터 프로그램이 많이 나와 있다. 하지만 아무리 좋다고 하더라도 많이 보여주거나 오래 하게 하면 오히려 해가 된다. 눈으로 보는 영상은 아기를 즐겁게 해준다. 많이 보면 볼수록 아기는 스스로 놀려고 하지 않고 계속 보려고 한다. 좋은 아기 프로그램이 많이 나와 있는데, 잘 이용해야 도움이 된다. 책을 읽어주는 것처럼 계획을 세워 한 번에 한 프로그램을 보여주는 것이 좋다. 그 후에 내용과 관련된 놀이나 대화를 나눈다면 교육적 효과를 얻을 수 있다.

어린이 광고

어린이 광고는 화면의 진행 속도가 지나치게 빠르며 색상이 현란하고 소리가 강해 시각과 청각을 자극시켜 아이의 관심을 끈다. 하지만 강렬한 자극은 무의식적인 스트레스로 뇌에 미세한 손상을 가져오므로 이런 자극에 자주 노출시키면 정서장애, 과민성 성격장애를 가져올 수 있다고 한다.

미국소아과협회에서는 만 4세 아이에게 TV와 비디오 시청을 하지 않도록 장려하고, 아기가 보는 학습 비디오도 강렬한 색 중심이나 음향이 높은 경우에는 30분 이상 보지 않게 하라고 권한다.

무슨 말을 하려는 걸까

방긋방긋 웃으며
"아아…" 옹알이한다
마치 무슨 뜻을 전하려는 것 같다
신기하기 그지없다

아기에게 말을 해줄 때도
벽에 그림을 보고도
장난감이나 곰 인형을 보고도
"아아아… 아아아…"
마치 자아도취에 빠진 양
계속 소리를 낸다

단순히 만족해서인지
흉내 내는 것인지
대답하는 것인지
무슨 말을 하는 것 같은데

> 도무지 알 수가 없다
> 나중에 해독하리라 녹음해두었다
> 부질없는 일이었다

세계 공통 언어 옹알이

옹알이는 세계의 모든 아기가 하는 말이다. 언어 습득의 전초전이며, 성대로 공기를 내보내는 소리로 기분이 좋을 때 주로 많이 낸다. 얼러줄 때 그 반응으로 소리를 내기도 하며, 혼자 소리를 내며 발성 자체를 즐기기도 한다. 소리가 그냥 나오는 것 같지만, 1번 내는 데 적어도 70개의 다른 근육이 작동한다고 하니 그 자체로도 놀라운 일이다.

아기는 처음에는 세계 어느 언어도 다 배울 수 있는 가능성이 있지만, 부모가 사용하는 특정 언어 하나를 선택하게 된다. 처음에 "아아" 모음 소리를 내다가 6개월 정도가 되면 "가아가아 나아나아" 하며 자음과 모음의 소리를 낸다. 7개월이 되면 옹알이가 사람의 말처럼 들린다. 일본, 나이지리아, 프랑스 아기의 옹알이를 비교한 결과 특정한 발음과 억양에 차이가 있었다고 한다.

청각 장애가 있는 아기도 처음에는 옹알이를 하다가 나중에 하지 않는다고 하며 정상적인 아기는 "아아아…" 하고 리듬 있게 소리를 내는데, 그렇지 않고 괴성을 지른다면 정신 또는 언어장애가 있을 수 있으므로 전문가와 상의해보아야 한다.

언어 습득

아기가 옹알이를 하면 엄마가 의미를 붙여 반응해준다. 주고받는 상호작용을 반복하다보면 아기가 말귀를 알아들으며, 엄마의 입을 보고 소리를 모방하며 어휘와 언어를 익힌다.

아기는 거칠고 큰 소리를 싫어하고 부드럽고 고운 소리를 좋아한다. 목소리 뒤끝을 높여 올리는 말을 좋아한다고 한다. 아기의 집중 시간이 5~6초 정도이므로 엄마가 혼자 계속 말하는 것보다 아기가 반응할 수 있는 시간을 주어야 아기가 참여한다. 옹알이를 할 때는 과장된 목소리로 간단하고 되풀이되는 말로 얼러주지만, 차츰 어른한테 말하는 목소리로 말의 내용과 일치하는 소리의 강약과 얼굴 표현을 해주어야 아기가 배운다. 아기가 말을 시작할 때 의성어 같은 아기 말이 아니라 정확한 단어와 문장을 사용하면 아기가 듣고 이해하고 모방하는 과정을 통해 언어가 발달한다.

제스처

9~10개월이 되면 자음의 소리를 내지만, 성인의 음률이나 억양과 비슷한 소리와 함께 제스처로 의사표시를 한다. "마마" 하며 손가락으로 냉장고를 가리키면 먹을 것을 달라는 뜻이고, 문 쪽을 가리키며 "가가" 하면 밖에 나가자는 뜻이다. 이때 아기들은 말귀를 알아듣고, 원하는 것을 달라고 하고, 부르기도 하고, 대답도 한다.

말을 시작하다

아기가 처음 말하기 전에 같은 말을 200번 이상 들어야 한다는 말이 있다. 대충 1살이면 단어 하나(엄마, 아빠, 물)를 사용하고, 2살이면 두 단어(맘마 먹어)를 조합하고, 3살이면 세 단어를 조합하여 의사소통을 한다. 하지만 시기와 어휘 수에는 큰 차이가 있다. 15개월에 20개 정도의 단어를 사용하며, 24개월이 되면 평균 50에서 200개의 어휘를 익힌다. 하지만 늦으면 6개, 빠르면 350개의 어휘를 익히는 아이도 있다고 한다.

말이 늦을 때

말을 늦게 시작하는 데는 유전적인 것과 환경적인 것이 있다. 얼마만큼이 유전적 요인이고 환경적 요인인가를 확실히 말할 수 없지만, 저자의 아기가 말이 늦는다고 걱정하니까 아기의 할아버지는 만 3살이 넘어서야 말을 시작하셨다고 한다. 여자아이가 남자보다 평균적으로 말을 빨리 시작한다.

말이 늦는 아기는 엄마에게 요구하는 행동보다는 자신이 직접 움직이는 경향이 있다고 한다. 주위에서 다 알아서 해주어 아기가 말의 필요성을 느끼지 않아서 늦는 경우도 있고, 말이나 반응을 잘 안 해주어 늦을 수도 있다. 말을 늦게 시작하더라도 한번 말을 시작하면 잘 따라간다.

사람이 하는 소리에 반응을 하지 않거나, 잘하던 옹알이를 갑자기 하지 않는다거나, 손가락으로 가리키는 방향을 바라보지 않는다거나, 말을 해주어도 반응이 없으면 전문가와 상담해보아야 한다.

언어 발달을 도와주는 방법

1. 아기가 소리를 낼 때나 기쁘고 슬프고 아프고 등 경험하는 감정을 아나운서처럼 말로 해준다. 소리를 낼 때 말로 표현해주고 물어보고 알아서 해주기보다는 표현할 때까지 기다려보는 것도 방법이다.

2. 아기를 보살펴줄 때 현재와 관련되어 방금 전에 무엇을 했는지(과거), 무엇을 하고 있는지(현재), 무엇을 할 것인지(미래)에 대해 말해준다.

3. 책을 읽어주고 말귀를 알아들으면 질문하여 대답하게 한다.

4. 잘못된 표현이나 말을 할 때 틀렸다고 하거나, 고치라고 지적하거나 강요하지 말고, 적절한 표현이나 발음으로 다시 말해준다. 옳은 표현법을 듣다 보면 자연적으로 교정될 것이다.

똑같은 책을 읽어달랜다

책 읽는 시간이다

또 같은 책을 읽어달라고 한다

반복해서 읽어주는 것은

어휘의 습득에도 좋다고 하지만

읽어주는 사람이 지루하다

뿐만 아니라

다른 책도 읽어주고 싶어

협상을 보았다

한 권은 아이가 선택한 것으로

한 권은 엄마가 고른 것 중에서

(24개월)

책 읽어주기

　책 읽기의 중요성은 누구나 알고 있다. 책을 읽으면 어휘력과 상상력, 집중력과 기억력이 키워지며, 책을 많이 읽는 아이는 학교 성적도 좋다고 한다. 엄마가 책을 읽어줄 때 아이가 기쁨을 느끼면 책과 가까이하는 좋은 습관이 생길 수 있으므로 규칙적인 시간을 정해놓고 모든 관심을 쏟아 읽어주도록 한다. 말뜻을 모르더라도 엄마의 표현, 감정, 억양, 운율 그리고 시각적 그림은 흥미를 주고 이해를 도와준다.

　집중을 안 하면 책을 읽어줄 수도 없고, 아무리 좋은 책이라고 해도 소용이 없다. 그러므로 책은 발달과 수준에 맞아 호기심을 불러일으키는 것이라야 한다. 처음에는 엄마가 책을 선택하여 읽어주지만, 나중에는 아이가 스스로 선택하게 한다.

　좋은 책은 활자가 뚜렷하고, 간단하고 리듬이 있으며, 그림이 선명하고, 글 내용과 그림이 잘 일치되어야 한다. 색상도 유채색으로 단순하고, 그림을 한 눈에 알아볼 수 있는 명확한 것이 좋다. 아이가 글자는 몰라도 그것이 읽는 거라는 것을 알게 해주는 것만으로도 나중에 글을 익힐 때 도움이 될 것이다.

책을 읽어준 후 아이 수준에 맞게 질문해서 대답하게 한다. 낱말을 익힐 때는 낱말에 관한 책을 읽어주고 물어보고, 감정 표현을 할 때는 감정 표현에 관한 것을 읽어주고 물어본다. 동물원에 갈 계획을 세우면 동물에 관한 책을 동물원에 가기 전에 그리고 동물원에 다녀와서 읽어주면 어휘 습득과 기억력 향상에 도움이 된다.

외국어 습득

아기는 몇 개의 언어를 동시에 습득할 수 있는 능력을 가지고 있다. 우리가 사용하는 뇌는 전체의 10% 정도이며 쓰면 쓸수록 더 발달하고 효율적으로 된다고 한다. 이는 마치 운동을 하면 할수록 더 근육이 발달하는 것과 같다. 2개 이상의 언어를 안다는 것은 힘이다. 특히나 다문화 환경에서 언어가 다른 부모 나라의 언어를 익히는 것은 나중에 정체성 발달에도 도움이 된다.

외국어는 연령이 어리면 어릴수록 빠르고 자연스럽게 익힐 수 있다. 5살짜리 어린이가 세 가지 언어를 자유자재로 하는 것을 보았다. 유아원에서는 영어를 하고, 러시아인인 아빠가 데리러 오면 러시아 말을 하고, 이탈리아인 엄마가 데리러 오면 이탈리아 말로 했다.

두 가지 이상 언어를 익히면 처음엔 혼란스러워 말을 늦게 하는 경향이 있지만, 일단 정리가 되면 자유자재로 언어 구사를 한다고 한다. 말하기 전에 우선 듣고 이해를 해야 한다. 아기에게 외국어를 가르치고 싶으면 말 배우기 전에 외국어를 많이 듣게 해준다. 하나도 못하는데 2개를 하면 어떻게 할까 하는 생각이 들지만 오히려 그 반대다. 장기적으로 볼 때 더 큰 수확을 얻을 수 있다. 모국어와 외국어를 섞어서 쓰는 것보다 특정한 시간이나 장소에서 선택한 언어로 책을 읽어주고 노래를 들려주고 대화를 하면 혼돈이 덜하고 자연스레 습득한다고 한다.

8장

울고 싶으면 울어라
(정서와 애착)

기쁨

눈이 마주치면 방긋방긋 웃는다. 아기가 웃어주면 기운이 절로 난다. 기쁨은 인간관계를 연결해주는 끈이다. 정원수를 가꿀 때 틀을 잘 잡아주어야 하듯 어릴 적에 기쁨을 많이 경험하면 계속해서 긍정적인 방향으로 나아갈 것이다.

소리 내서 웃는 것은 건강에도 좋다. 4개월 정도가 되면 반복된 행동을 통해 안전한 놀래킴을 받을 때 소리를 내서 웃는다. "까꿍!" 하면서 가슴 쪽을 향해 가볍게 불어주거나, 얼굴을 가렸다 떼면서 과장된 얼굴과 소리를 해주어도 잘 웃는다. 소리 내서 웃으면 자연적 진통제인 엔도르핀 호르몬이 분비된다. 웃음은 질병과 싸우는 면역체를 튼튼하게 해주고 스트레스 호르몬 분비를 줄여준다. 웃을 수 있다는 것은 믿음을 바탕으로 하여 마음을 연다는 것이다.

생후 1년까지 큰 소리, 낯선 사람을 두려워한다. 아기는 귀가 연약하므로 큰 소리에 예민하다. 또한 갑작스럽고 빠르게 움직이면 위험하다는 신호로 받아들여 놀라므로 천천히 부드러운 목소리로 말해준다.

울고 싶으면 울어라

낯선 집에 놀러와

걸음마 하면서 방긋방긋 웃으며

재롱부리다 잠이 들었다

엄마가 근처에 장 보러 간 사이

어느새 깨어

두리번두리번 엄마 찾는다

실룩실룩하더니 그만 울음보 터졌다

밥알을 주려 하자 입을 꼭 다물고

장난감 주려 하자 싫다고 내친다

노래를 불러주니 더 큰 소리로 운다

쩔쩔매며 달래보지만 그칠 기색이 없다

예쁜 얼굴이 눈물 콧물로 범벅이 되었다

문 쪽을 보며 우는 것이 엄마 찾는 게다

그래, 울어라, 울어야 하거든 울어라

엄마가 곁에 없으니 얼마나 불안하겠니

엄마 찾아 밖으로 마중 나가자

(12개월)

분리 불안은 12개월 때 가장 크다

6개월이 되면 엄마를 낯선 사람과 구별하고, 8개월이 되면 낯선 사람에 대한 두려움이 생기며, 12개월이 되면 분리 불안이 가장 높다고 한다. 이때 아기는 잠시도 엄마와 떨어지려고 하지 않는다. 이것은 눈에 보이지 않으면 아주 없어지는 줄 알기 때문이다. 이때 엄마(또는 애착된 사람)와 떨어져도 울지 않는다면 오히려 뭔가 잘못된 거다. 분리 불안은 만 2세가 되고 말을 하기 시작할 때, 애착을 느끼는 사람이 잠시 눈에 안 보여도 다시 올 거라는 것을 알게 되면서 감소한다.

엄마가 직장에 나가야 할 경우 또는 사정상 아기를 다른 곳에 맡겨야 할 경우에는 6개월 이전 또는 24개월 이후가 좋고, 12개월 때는 피하는 것이 좋다고 한다. 만약에 어쩔 수 없는 상황이라면 분리 불안의 충격을 줄여주기 위해 아기가 안심하고 믿고 의지(애착)할 수 있도록 엄마 대신 아기를 봐줄 사람 또는 장소와 친숙해질 기회를 미리 만들어준다. 또한 양육하는 사람이 자꾸 바뀐다면 아기는 혼란과 불신을 경험할 것이므로 아기를 보살펴줄 때 같은 사람이 지속적으로 보살펴주는 것이 좋다.

육아 도우미와의 관계

엄마가 직장에 다니거나 다른 일로 육아 도우미를 써야 할 때가 있다. 다른 사람이 한공간 안에서 아기를 봐주면 뜻하지 않은 현실적인 일이 생길 수 있다.

처음 육아 도우미를 쓸 때 역할 분담을 확실하게 하고, 육아 방법에 관해 의사소통을 잘 해놓아야 나중에 편하다. 알아서 하겠지 하고 놔두면 나중에 힘들어질 수 있다. 도우미 마음을 상하게 하고 싶지 않아 하고 싶은 말을 못하여 애를 끓거나, 반대로 보상은 적으면서 육아 도우미한테 요구를 너무 많이하거나 기대를 하는 것은 무리다.

  엄마는 늘 깨어 있어야 한다. 아기가 도우미를 두려워하거나, 안 하던 행동을 하거나, 보채는 행동을 할 때는 무슨 이유인지 살펴 문제를 사전에 예방해야 한다. 가끔 예고 없이 방문하거나, 친정 식구나 시댁 식구들에게 부탁해 확인해보는 것도 하나의 방법이다.

보모의 역할

  보모는 엄마를 도와주는 것이지 엄마의 자리를 대신하는 것이 아니다. 엄마한테 불만이 있다고 그것을 아이한테 해소하면 안 된다. 엄마가 원하는 것을 존중해주며 내 아이라면 하고 생각해본다. 큰일이 아니라면 서로 한 발짝 뒤로 양보하고, 불만이 있으면 열린 마음으로 대화를 해야 한다.

  엄마가 직장에 나가면 육아 도우미가 아기와 있는 시간이 더 많아 아기가 엄마가 아닌 보모에게 애착할 수 있는데, 이럴 때 엄마는 스트레스를 받는다. 아기를 끝까지 책임질 사람은 엄마이므로 보모는 엄마와 아기 관계가 잘 형성되도록 도와주는 역할을 해야 한다.

아빠 찾는다

한밤중에 깼다

비몽사몽 투덜투덜

잠꼬대하며 아기방으로 간다

"엄마 여기 있어, 자자 자자." 토닥여준다

그러나 황당하게도

엄마 말고 아빠 찾는다

잘못 들었는가 귀를 의심하고

"엄마다 엄마…." 달래보지만

싫다고 강하게 거절한다

이럴 수가!

자다 깨는 것은 싫지만

엄마를 제일 좋아하는 줄 알았는데

한 대 얻어맞은 기분이다

잠을 못 자는 것보다

거절의 아픔에 잠을 설치며

쓰린 가슴 달랜다

다음 날 아무 일도 없었던 양

엄마를 반기고 품에 안긴다

아가야 미안하다

다시는 너를 떼어놓지 않을게

(19개월)

잊어버린 게 아니다

12개월 되었을 때 친정에 다녀오느라고 거의 1달 동안 엄마와 떨어져 있었다. 그동안 아빠가 보살펴주었다. 다시 만났을 때 금방 엄마를 따랐기에 아무렇지도 않은 줄 알았는데, 무의식중에라도 기억하고 있었다.

절대 시기와 예민한 시기

생태학적 이론에서 보면 아기가 배우는 데 절대 시기와 예민한 시기가 있으며, 이 시기를 놓치면 미래 발달에 영향을 미치거나 장애를 가져온다고 한다. 절대 시기는 한순간에 결정되는 것이고, 예민한 시기는 때가 있다는 것이다. 유럽 동물학자 로렌츠(Lorenz)의 연구에 의하면 오리 새끼가 태어나서 처음 본 것이 각인되는데, 그때 각인된 사람을 보면 어미 대신 그를 따라간다고 한다. 볼비(Bowlby)는, 아기의 애착은 생존 유지를 위한 본능적인 반응으로 태어날 때 이미 애착하도록 프로그램되어 있다고 했다.

애착 없이는 살 수 없다

믿거나 말거나 전해지는 말이다. 중세 때 유럽에 어느 왕이 아기가 태어나 어떤 언어를 익히는지 궁금해 13명의 갓난아기를 데려다 유모에게 맡기면서 수유만 하고 말도 하지 말고 정도 주지 말라고 했다고 한다. 그러나 왕의 궁금증은 결국 풀리지 않았다. 왜냐하면 2살이 되기 전에 다 죽었다는 것이다. 그만큼 애착이 중요하며 인간은 사랑이 없이는 생존할 수 없다는 것을 강조하는 일화다.

아기는 보살펴주는 사람한테 애착한다. 할로(Harlow)의 원숭이 새끼 실험에서 어미로부터 격리된 새끼에게 우리에 부드러운 천을 댄 '헝겊 엄마'와 철사를 두른 '철사 엄마'를 만들어주었다. 그리고 철사 어미한테는 우유병을 달아놓았는데, 새끼는 철사 어미한테서 우유만 빨아 먹고 매달려 노는 것은 부드러운 헝겊 어미한테서였다는 것이다. 빵만으로는 살 수 없다는 말은 아기에게도 적용된다.

안정된 애착

아기는 엄마가 잘하던 못하던 애착한다. 폭력적인 엄마한테도 애착한다. 만 2세가 되면 애착 정도를 측정할 수 있다. 애착에는 안정된 애착, 불안한 애착, 회피성 애착 그리고 혼란된 애착이 있다. 안정되게 애착된 아이는 엄마와 떨어질 때 안 떨어지려고 울지만 일단 떨어지면 잘 논다. 다시 엄마를 만나면 반갑게 맞는다.

애착은 하루아침에 형성되는 것이 아니다. 규칙적으로 계속해서 보살펴주는 사람에게 한다. 여러 사람이 애착 대상이 될 수 있는데, 가장 애착하는 사람은 아플 때나 밤중에 깨서 찾는 사람이라고 한다.

애착 대상이 없이 자랄 때

어릴 때 엄마와 떨어져 애착 대상이 없이 자란 원숭이는 성장해서 폭력적이거나 무관심한 행동을 보였다고 한다. 사회에 적응하지 못하여 장기간 감옥에 있는 사람들은 대개 어린 시절에 애착 경험을 못 한 경우가 많다고 한다. 유럽 감옥에 있는 죄수들을 상대로 연구한 결과, 어린 시절 거의가 엄마로부터 사랑을 받아보지 못했다고 한다. 반대로 안정된 애착을 한 아기는 학령기 때 사회에 잘 적응하고 공부도 잘했다는 연구도 있다.

엄마가 입원했다

둘째 아이를 출산하고
병원에 입원해 있을 때
아빠가 큰아이를 데리고 왔다
그동안 생각할 겨를이 없었는데
아이를 보자 무척 반가웠다
엄마 품에 달려들 줄 알았으나
놀랍게도 아빠에게 꼭 매달린 채
이상한 사람을 보는 듯

굳어진 얼굴로 내려다보았다

엄마한테 오라고 하자

보기 싫다는 듯 고개를 휙 돌리며

밖으로 나가자고 했다

마음이 아팠지만

말로 이해시킬 수도 없었다

종일토록 함께 놀아주던 엄마가

갑자기 사라져 안 보이더니

퉁퉁 부은 얼굴로 이상한 곳에 와 누워 있으니

얼마나 큰 충격이었고 혼란스러웠겠는가

(18개월)

애착 양육

비록 애착이 형성되었더라도 3일 이상 계속 안 보이면 애착 분리가 일어난다고 한다. 즉, 포기하는 것이다.

최근에는 '애착 양육'에 대한 관심이 많아졌다. 애착 양육이란, 아이가 엄마 품에서 시간을 더 많이 보낼수록 잘 적응할 수 있다는 것에 근거한다. 그 방법으로는 모유를 주고(걸음마 할 때까지), 같이 자고(부모와 같은 침대에서 자거나 아기 침대를 부모 침대에 가까이 둔다), 많이 안아주는 것이다.

정서 발달에 좋다는 이유로 만 3세가 지나서도 모유를 주는 경우가 있는

데, 그것이 아기에게 어떤 영향을 끼치는지는 연구의 대상이다. 좋다, 나쁘다를 판단하기 이전에 아이가 크도록 모유를 주는 것은 아무나 할 수 있는 일이 아니므로 엄마의 선택을 존중해주어야 할 것 같다. 꼭 어떻게 해야 한다는 강박관념에 사로잡혀 그렇지 못하면 죄의식을 느끼는 것보다 여유 있게 아기를 키우는 것이 좋을 것 같다.

제비 새끼도 날개가 달리면 날아가고 엄마도 둥지를 떠난다. 아기의 애착이, 엄마의 집착이 아무리 좋은 것이라 해도 때가 있다는 것을 전제로 적당한 시기에 맺고 끊음을 잘해야 하는 용기도 필요하다.

아기는 잘 적응한다. 때로는 잘해준다고 한 것이 오히려 안 좋게 될 수도 있고, 잘 못 해준 것이 아기를 더 강하고 튼튼하게 해줄 수도 있다. 주어진 현실에 맞추어 최선을 다하고 결과를 인정한다면 서로에게 좋을 것이다.

대상 물체 애착

2세를 전후로 하여 만 4세가 되기까지 인형, 베개, 담요 같은 대상 물체에 애착하는 경우가 있다. 엄마와 떨어져 독립하는 과정에서 냄새나 감촉이 익숙하고 부드러운 물체에 안정을 느낀다고 한다. 물체를 곁에 두거나 가지고 다니며 얼굴을 갖다 대거나 잘 때 늘 옆에 있어야 잠이 드는 아기도 있다. 물체가 눈에 안 보이면 공포에 싸이거나 충격적 경험을 할 수 있으므로 강제로 빼앗거나 숨기는 것보다 지나가는 과정이라 생각하고 인정해주면 어느새 자연적으로 해결이 될 것이다.

자폐증

발달이 늦어도 되는 것이 있지만 때로 방관해서는 안 되는 것도 있다. 3·4개월 되었을 때 엄마와 눈을 마주치지 않거나 안아주는 것을 좋아하지 않는 것, 7·8개월이 되었는데 주거니 받거니 의사소통을 하지 않고 괴성을 지르거나 기쁨을 공유하는 자발적 놀이를 하지 않고 한 가지에 비정상적으로 집착하는 것, 12개월이 되어도 엄마와 떨어져도 울지 않는다면 자폐증을 의심해볼 필요가 있다.

자폐증은 소아기 때 나타나고, 대인 관계 형성이 안 되는 정신장애이다. 두 돌 전후에 나타나며 여아보다 남아에게 4~5배 많다고 한다. 만 3세가 되었는데도 의사소통을 안 하고, 어떤 특정한 것에 집착이나 흥미를 보이고, 반복적인 행동을 하며, 공격적이거나 자해 행동을 하기도 한다. 자폐증에 걸린 아이는 "나"라는 개념이 없다. 다른 신경 장애와 합병하여 나타나기도 하고 유전적 요소가 있다고도 한다. 인지를 관장하는 뇌 중추신경인 신경 전달 회로에 장애가 있다고 하는데, 항간에는 한창 부모와 관계가 형성될 때 TV를 많이 보여준 것이 원인이라는 말도 있지만, 정확한 원인은 아직 모른다.

자폐증의 증상에는 차이가 크다. 훈련이 가능한 가벼운 경우도 있고 영구적인 심각한 경우도 있다. 조기 발견을 하여 빨리 치료를 시작하면 할수록 좋다고 한다. 체계적인 특수교육인 행동 교정과 언어 발달, 놀이 치료를 통해 성공한 사례도 적잖이 있다.

9장

다 내 것
(문제 해결)

이빨의 힘

잘 놀다가 갑자기 달려들어

엄마 팔뚝에

성난 게처럼 달라붙어

얼굴이 빨개지며 온 힘을 다 주며

벌겋게 이빨 자국이 나도록 꽉 깨물었다

지독하게 아프다

화가 난 엄마도

아이가 깨문 만큼

팔뚝을 꽉 깨물어주었다

놀라 자지러지게 운다

아프기도 하겠지만

예상치 못한 엄마의 행동에

더 놀랐을 거다

울음이 그친 후

무릎에 앉혀 깨문 자국을 비교하며

아프니까 깨물지 말자고 했다

다시는 깨물지 않았다
(12개월)

깨무는 이유

이빨의 힘은 아직 언어가 발달하지 않은 아이에게 강력한 무기다. 아기를 키우며 한 번쯤은 다 물려보았을 것이다. 처음 이가 나려고 잇몸이 가려워서 또는 애정의 표현으로 깨물었을 때 엄마도 똑같이 깨물어주어 아프다는 것을 가르치는 것이 효과적이겠지만, 남의 아이에게는 그렇게 할 수 없다. 아이는 한 번 깨물어보니 쾌감이 좋고 주위 사람들이 놀라는 모습도 흥미로워 다시 깨물 수 있다. 나아가 화가 나거나 과잉 자극을 받아 흥분되면 분출구로 깨물 수 있고, 더 나아가 관심을 받으려고 깨물기도 한다.

깨물 것을 준다

한번은 여러 사람이 모인 장소에서 2살 된 남자, 여자아이 둘이 잘 놀다가 남자아이가 여자아이를 깨물었다. 자지러지게 울자 엄마들은 깨물린 아이를 둘러싸고 달래느라 쩔쩔맸다. 깨문 아이는 한구석에서 소외된 채 그 광경을 바라보았다. "잘 놀다가 꼭 저래요." 하면서 터질 것이 터졌다는 식으로 말하는 것을 보니 습관성으로 깨무는 것이다. 깨문 아이 엄마는 미안해 쩔쩔맸지만 깨문 행동에 대해 야단치지 않았다. 남의 아이가 우리 아이를 깨문다면 어떠할까.

한번 습관이 들면 아이는 당분간 고치기 힘들다. 처음 깨물었을 때 안 된다는 것을 단호하게 입력시켜주고 대신 깨물 것을 주어 욕구를 해소시켜주어야 한다. 흥분되었을 때 깨무는 경향이 있으면 적절한 시간에 노는 것을 잠시 멈추게 하고 조용한 곳에서 잠시 진정시켜준다. 아이 가슴에 깨물 수 있는 것을 달아주거나 근접한 곳에 준비해두었다가 깨물려고 할 때 얼른 입에 물려주어 사전에 방지하는 것이 상책이다.

아이가 없어졌다

집 앞에서 잠시 눈을 돌린 사이

옆에 있었던 아이가 없어졌다

가슴이 철렁 내려앉았다

미친 듯이 이리저리 찾았다

후유, 건물 뒤쪽에 아이가 보였다

꺾어진 나뭇가지 하나 들고

어디론가 가고 있었다

무슨 생각으로 가고 있는지

엄마가 뒤에 따라온다고 생각했는지

계속 걸어가고 있었다

뒤에 따라가며 숨어서 보았다

어느 선까지 가더니 멈추었다

머뭇머뭇 두리번거리더니

엄마와 떨어졌다는 것을 알았나보다

두리번두리번거렸다

잠시 지켜보았다

당황해할 즈음에 모습을 내밀었다

너무 반가워했다

그 이후 밖으로 나가면

늘 엄마 곁을 떠나지 않았다

(20개월)

엄마를 따라오게 하다

아이를 잃어버리는 것만큼 기가 막힌 일은 없을 것 같다. 무슨 일이 있던지 방지해야 한다. 아장아장 걷는 아이는 밖에 나가면 그저 좋아 발길 닿는 대로 뛰어간다. 복잡한 곳에서는 잠시 눈을 돌린 사이 시야에서 벗어날 수 있다. 엄마가 따라가 잡으면 그것이 재미있어서 "나 잡아봐라!" 하려는 듯 놀이가 되어버린다. 일일이 잡으러 다니다보면 엄마가 힘들어지며 위험할 수 있으므로 아기가 엄마를 따라오게 가르쳐야 한시름 덜 수 있다. 넓고 안전한 장소를 택하여 아이가 어디로 가면 따라가지 않고 기다려본다. 엄마가 따라오지 않는다는 것을 알면 멀리 가지 않고 엄마 곁에서 머물 것이다. 만약을 대비해 아이 옷에 전화번호나 연락처를 달아주도록 한다.

빠는 손가락을 다쳤다

잠잘 때 졸릴 때 낯선 상황에서
양쪽 엄지손가락을 심하게 빨았다
얼마나 심한지 걱정스러울 정도다
어느 날 밖에서
시멘트 바닥에 넘어져
다행인지 불행인지
하필 양쪽 엄지손가락에
피가 날 정도로 긁혔다
일회용 밴드로 감아주었다
낮에는 화를 내고 짜증을 낼 정도지만
밤에 자다가 문제였다
손가락을 빨려고 입에 넣었다가

촉감이 안 좋아서인지 상처가 아파서인지

자지러지게 울었다

동네가 떠나가게 울었다

얼마나 곁에서 보기에 딱한지

차라리 손가락을 빠는 것이 나을 것 같았다

삼 일을 그렇게 하더니 결국

손가락 빠는 것을 포기했다

상처가 다 나았지만 다시는 빨지 않았다

습관 형성

손가락을 빤다거나 어떤 반복된 행동으로 감정을 진정시킨다. 환경에 의한 버릇이나 습관은 그 기간이 20여 일 정도가 반복되면 뇌에 각인되어 고치기 힘들다고 한다. 저자의 아기는 손가락 빠는 습관을 어쩔 수 없이 고쳤지만 상당한 대가를 치렀다. 자연의 힘을 빌리지 않았다면 아이가 우는 것이 안타까워 결코 의지대로 못 했을 것 같다.

일단 버릇이 된 것을 강제로 못 하게 하거나 야단을 치면 안 보는 데서 하거나 집착할 수 있으며, 수치심이나 죄의식 또는 정서 불안으로 정신 건강에 오히려 역효과를 준다. 못 하게 해서 고쳐지지 않을 거라면 차라리 그냥 두되 아이의 관심을 다른 데로 돌리면 어느새 잊어버리거나 그만둘 수 있다. 엄마가 이랬다 저랬다 예측 불허 행동을 하면 아이에게 혼란을 주어 고집스러운 행동을 더하게 한다.

동생을 보살펴주다

아기 기저귀가 젖었네 하면

뛰어가 가져온다

울며 보채면

엄마한테 알려주고

가만히 있으면

장난감을 가져다 흔들어준다

신기해서 바라보며

손가락 발가락을 세어보고

만져보고

머리를 쓰다듬어준다

(20개월)

질투심을 방지하는 방법

동생이 생기는 것은 큰 변화이다. 누구나 사랑받고 관심받고 싶다. 혼자 관심을 독차지하다가 동생한테 빼앗기는 느낌이 들면 관심을 받으려고 아기처럼 칭얼거리거나 오줌을 싸기도 하고, 동생을 때리거나 해코지하기도 한다. 아이는 14개월 정도가 되면 다른 사람의 아픔을 덜어주고자 하는 마음이 본능적으로 생긴다고 한다. 사전에 준비를 잘하여 관심을 빼앗긴다기보다 동생을 얻는다고 느끼게 해주면 오히려 자부심과 사회성을 키워줄 수 있는 좋은 기회가 된다.

한팀이 되어

엄마와 한팀이 되어 동생을 보살펴주면 동생은 경쟁자가 아니라 보호해주어야 하는 대상이 된다. 큰아이가 작은아이를 다치게 할까봐 일일이 쫓아다니며 보호할 수 없다. 호기심에 아기를 만지려고 할 때 무조건 못 만지게 하거나 야단을 치면 엄마가 안 보는 데서 만질 것이며 더 위험하게 된다. 큰아이를 믿고 살살 조심스럽게 만지도록 실제로 보여주며 해보라고 한다. 큰아이가 엄마가 믿어준다는 자부심을 가지면 작은아이를 보호하려고 하는 본능이 자연적으로 나와 한동안 안심할 수 있다.

상황이 달라졌다

한동안

동생은 형이 하는 대로 두었다

주는 대로 갖고 놀고

빼앗으면 빼앗겼다

9개월 되던 어느 날

상황이 달라졌다

순순히 빼앗기지 않으려고

붙들고 늘어진다

서로 소리 지르며 울고불고

막상막하 팽팽히 맞섰다

형은 힘으로 안 되자

동생을 한 대 때렸다

처음 있는 일이었다

(9개월, 27개월)

스스로 방어할 기회

형이 빼앗는 대로 빼앗겼는데 이제는 상황이 달라져 빼앗기지 않으려 했다. 형은 다 내 것인 줄 알았는데 그것이 마음대로 안 되니까 화가 났다. 손바닥도 마주쳐야 소리가 난다고, 대립이 된다는 것은 서로에게 원인 제공이 된 거다. 잘잘못을 따지거나 어느 한쪽 편을 들거나 혼을 내면 미래에 문제가 계속되거나 더 심해질 수 있다. 예를 들어 무조건 약한 아이를 보호해주거나 감싸주면 계속 어른의 힘을 빌리려고 하거나 관심을 받기 위해 계속 당하는 입장을 취할 수 있다.

안전에 위협을 주는 것이 아니라면 즉석에서 문제 해결을 해주기보다는 잠시 지켜보며 서로 방어할 기회를 주다가 상황이 해결되지 않을 것 같으면 개입하도록 한다. 서로의 입장을 말해주고, 감정을 인정해주며, 행동에 대한 결과를 말해주고, 순서를 기다리게 하거나 다른 것을 갖고 놀라는 대안책을 제시해준다.

이러한 대립을 통해 자신이 상대방에 미치는 영향력을 알게 되고 자아 방어를 하는 것이다.

두 살 된 아이의 소유 법칙 : "다 내 것"

내가 좋은 것은 다 내 것

내 손에 있는 것은 다 내 것

내가 뺏을 수 있는 것은 다 내 것

내가 가지고 놀았던 것도 다 내 것

내 것과 관련된 모든 것은 내 것

내 것같이 생겼으면 내 것

내 것이라고 생각되는 것도 다 내 것

(작가 불명)

같은 나이 또래와 함께하는 시간

외동아이로 자라면 부모의 모든 관심을 받으며 모든 것을 다 혼자 가지고 놀 수 있다. 사회성을 키워주기 위해 또래와 함께 놀 기회도 필요하다. 서로 비교하고 견주어보고 위해 주고 함께 노는 것을 배운다.

만 2세 된 아이는 다른 사람의 입장을 생각할 수 없다. 모두가 내 것인 줄 아는데 사이좋게 갖고 놀라고 하면 아이는 이해하지 못할 것이다. 한 장난감을 두고 다툴 때 똑같은 것 2개를 마련해주든가, 아니면 아예 안 보이게 치워놓아 마찰이 생길 기회를 줄여준다.

남의 장난감을 가지려 할 때

아이가 놀러와 가지고 놀던 장난감을 갖고 가려고 떼를 쓰면 주인이나 손님이나 서로 민망하니까 그냥 가져가라고 한다. 하지만 그것이 아이에게 좋은 영향을 미칠지는 생각해보아야 한다. 한번 버릇을 들이면 계속 그렇게 하려고 하기 때문에 1번 편하려고 하다가 10번 힘들어질 수 있다. 좋아하는 장난감을 미리 준비해두었다가 갈 때 주면 내 것과 남의 것을 구별하는 데 도움이 될 것이다.

선택하게 한다

아이는 "싫어!"라는 말이 다른 사람에게 크게 영향을 준다는 것을 알기 시작하면 자주 사용하는데, 표현할 수 있는 어휘가 부족한 아이에게 싫다는 말은 진짜 싫은 것 외에도 몇 가지 다른 뜻이 내포되어 있다고 한다. 무엇을 먹으라고 할 때 아이가 싫다고 하면 첫째 그것 말고 다른 것을 원한다, 둘째 마음에 결정을 내리지 못했다, 셋째 '조금 있다가'라는 뜻일 수도 있다.

아이의 표현을 도와주기 위해 잘 관찰하여 상황에 따라 "싫어!"라는 대답이 나오는 질문을 피해 선택할 수 있도록 해준다. 예를 들어 "주스 마실래?"가 아니라 "사과 주스 마실래, 오렌지 주스 마실래?" 하고 물어보면 어느 한쪽을 선택할 것이다. 마음에 결정을 내리지 못했을 때는 숫자를 내리 세어 시간을 주거나 "누가 먹을까?" 하고 즐겁게 게임하여 결정하게 하는 방법도 있다. "조금 있다가 먹을래?" 하고 기다려준다.

한계를 정해준다

아이의 활동 영역이 넓어지면 주위가 온통 새롭고 흥미로운 것뿐이다. 어디까지 할 수 있고, 어느 것이 되고 안 되는지 선을 그어주어야 한다. 다리를 건너갈 때 양쪽으로 난간이 있으면 안전을 느끼듯 한계를 지어주면 아기도 안정을 느낀다. 하려고 하는 것을 다 하게 하면 버릇없는 아이로 큰다. 반대로 아이가 하는 일을 일일이 간섭하고 억제하며 엄마의 뜻만 고집해도 아이가 반항하거나 소심해진다. 되는 게 있고 안 되는 게 있다는 것을 알도록 해주는 것은 세상 살아가는 데 필요한 기본 질서를 가르쳐주는 것이다. 아이가 자유롭게 놀도록 하되 간단한 규칙을 정해주어 지키게 하는 연습이 필요하다.

지키지 못할 것은 정하지 않는다

아이와 기 싸움에 들어가면 아이가 이긴다. 강제로 하여 엄마 뜻대로 할 수 있겠지만 나중에 더 힘들어진다. 아이는 '떼'라는 강력한 무기를 가지고 있다. 큰일이 아니라면 아이의 말을 들어주되 안 되는 것이 있다는 것을 가르쳐야 한다. 중요한 것 1개를 위해 10개를 져주는 거다. 그 1개는 아이가 울고 보채도 단호하게 안 된다는 것을 보여줄 필요가 있다.

한번 정한 것은 일관성 있게 지켜야 한다. 떼를 쓴다는 것은 엄마의 한계를 시험해보는 것이다. 아이가 원하는 것을 인정해주되 안 되는 것은 안 되는 것이다. 안 된다고 했는데도 끊임없이 떼를 써 할 수 없이 원하는 것을 주면 다른 상황에서 또 떼를 쓸 것이다. 즉, 지키지 못할 것은 정하지 말아야 아이가 혼돈하지 않는다.

"안 돼!"란 말은 약이 되기도 하고 독이 되기도 한다

약을 자주 사용하면 내성이 강해져 정말 필요할 때 효과를 볼 수 없듯이 "안 돼!"라는 말을 너무 자주 쓰면 말의 의미가 약해져 정말 써야 할 때 효력이 없어지므로 적게 쓰면 쓸수록 좋다. 강제로 억압하는 만큼 아이도 반항한다. 아이가 말을 잘 듣게 하려면 아이의 감정을 공감해주고, 의견을 존중해주고, 긍정적 경험을 많이 하도록 해주어야 한다. 의견을 존중해준다고 해서 의견을 다 들어주는 것이 아니라 무시하지 않는다는 것이다.

왜 안 되는지 말해주고 대안을 준다

행동을 제지할 때는 왜 안 되는지 말해주고 대안을 준다. 벽에 그림을 그리지 못하게 할 때는 "다른 곳은 말고 이곳에다 그려." 하며 그릴 수 있는 공간을 마련해준다. 또한 장난감을 던지면 야단을 치는 것으로 끝나는 것이 아니라 왜 던지면 안 되는지 설명해주고 던진 장난감을 제자리에 놓도록 도와준다. 윽박지르거나 화를 내며 치우라고 하면 저항할 것이다. 하지만 함께 치우며 왜 치우는지 설명해주거나 '누가 먼저 치우나' 게임을 하면 치우는 것이 재미있어 목적도 달성하며 아이도 배울 것이다.

큰아이 중심

작은아이한테 책을 읽어주려 하면

큰아이도 읽어달라고 무릎에 와 앉는다

작은아이는 형을 밀쳐내는 것이 아니라

일어나 다른 곳에 가서 논다

작은아이가 테이프를 들으며 책을 보다가

책과 테이프가 일치하지 않자

큰아이가 고쳐주려고 한다

싫다고 하는데도 강제로 책장을 넘겨준다

읽는 것을 포기하고 다른 것을 가지고 논다

작은아이에게 물어보았는데

무엇이든 관심을 보이는 열정적인 큰아이가

먼저 대답을 한다

작은아이는 다른 데로 관심을 돌린다

편애

자식을 똑같이 사랑한다지만 행동이나 표현은 그렇지 못할 때가 있다. 가정 또는 어린이집에서도 주축을 이루는 아이가 있다. 예를 들어 편식을 하는 아이가 있으면 편식하는 아이 중심으로 되고, 아픈 아이가 있으면 아픈 아이가 중심이 된다. 언젠가 타임지에 부모의 자식 편애에 관한 기사가 실렸다. 부모는 절대 차별하지 않고 똑같이 사랑한다고 말했지만 자식들은 부모가 분명히 차별하는 행동을 했다고 한다. 부모가 생각하기에 공평하게 대하는 것 같지만 아이들이 받는 느낌은 다를 것이다.

맏아이는 맏이라 부모로부터 관심을 더 받는다. 둘째는 그냥 잘하려니 하고 믿는다. 가만히 있는 순한 아이와 요구가 많은 극성스러운 아이가 있으면 귀찮아서라도 극성스러운 아기의 요구를 먼저 들어주고 순한 아이가 뒤로 처진다. 뒤로 처지는 아이는 비록 저항을 하지 않지만 마음에 상처를 받을 수 있다. 어느 것이 좋고 나쁜지는 말할 수 없다. 편애를 받았다고 하지만 오히려 그것이 자극이 되어 사회적으로 더욱 훌륭하게 될 수도 있는 반면에 평생을 피해 의식 속에 살 수도 있는 것이다.

분노발작

슈퍼마켓에서

몇 가지 움켜쥐었다

안 된다고 하자 바닥에 드러누워

울고 불며 발버둥 쳤다

우리 아기가 그럴 줄은 몰랐다

집에서도 하지 않던 행동이었기에

당황했지만 침착하게 그냥 지나갔다

얼른 일어나 따라왔다

하나만 선택하라고 했다

다 갖겠다고 떼를 썼다

다시 빼앗아 제자리에 놓았다

그리고 다시 하나만 선택하게 했다

그제야 말귀를 알아들었다

계획적인 무관심

아무 곳에서나 드러누워 발버둥 치며 큰 소리로 우는 분노발작 행동은 깨무는 행동과 마찬가지로 정상적인 아기도 한 번쯤은 거치고 지나간다. 원하는 것이 관철되지 않을 때 좌절하거나 화가 나서 하는 행동으로, 1살에서 시작하여 2살이 되었을 때 가장 많이 일어나고 4살이 되면 줄어든다. 아이는 손님이 오거나 슈퍼마켓이나 사람이 많은 곳에서 그런 행동을 하면 엄마가 들어줄 거라는 사실을 안다. 아이의 감정은 이해하지만, 표현 방법을 그렇게 하면 안 된다는 것을 알게 해주기 위해 계획적인 무관심 또는 집에서 하던 것처럼 하여 일관성을 보여줄 필요가 있다.

위기를 벗어나기 위해 아기의 요구를 들어주거나 흥정하게 되면 엄마의 이런 약점을 알고 비슷한 상황에서 또 그렇게 할 것이다. 야단을 치거나 때려주면 오히려 반항심을 키워주며 아이도 이런 행동을 모방할 수 있다. 과격한 행동은 순간에 일어나므로 아이가 진정될 때까지 기다렸다가 진정된 후에 안아주거나 다정하게 상황 설명을 해준다.

아이는 관심받는 것을 좋아한다. 야단을 맞거나 제지를 당하는 부정적인 관심이라도 무관심보다 나은 거다. 문제 행동을 일으킬 때마다 관심을 받으면 관심받기 위해 계속 그런 행동을 할 수 있다. 이럴 때는 계획적인 무관심이 필요하며 동시에 아이가 바람직한 행동을 했을 때 인정해주고 칭찬해주고 관심을 보이는 것이 문제 행동을 줄일 수 있는 한 방법이다.

칭찬할 때는 구체적으로 말해준다

잘못한 것을 꼬집어 말하는 것보다 잘하는 것을 칭찬해주면 효과가 있다. 예를 들어 "왜 이렇게 어지르니." 하는 것보다 "우리 아이 참 잘 치우네." 하면 그 기대치에 맞게 행동한다. 못하는 것을 말해주는 것이 아니라 아이한테 가르치고 싶은 것 또는 기대하는 것을 말해준다.

인정해주고 용기를 주는 말은 자신감을 갖게 해주고 기쁘게 해주는데, 이것을 감정의 뇌가 기억하게 되어 다음에 또 바람직한 행동을 하게 된다. 이것은 맛있는 것을 먹으면 또 먹고 싶어지는 것과 같은 이치다. 그렇다고 해서 아이의 행동과 일치하지 않는 과장된 말을 하면 진실성을 잃는다.

칭찬의 목적은 아이가 하는 행동이 바람직하니까 자부심을 갖고 스스로 그렇게 하도록 하기 위한 것이지, 칭찬을 받으려고 그런 행동을 하라는 것이 아니다. 왜 잘했는지, 왜 착한지로 아이가 한 행동에 대해 구체적으로 말로 표현해주어야 아이가 배울 것이다. 야단을 칠 때도 마찬가지다.

자기 충족 예언

아이가 2살이 되면 "나"라는 자아가 생기고 독립된 존재라는 것을 안다. "나"를 아는지 확인하는 방법은 아이 코에 빨갛게 립스틱을 칠하고 거울을 보게 하는 것이다. 이때 코를 만지거나 부끄러워한다는 것은 자아가 생겼다는 것이다. 여러 사진 속에서 자신의 것을 찾아낼 수 있다는 것은 다른 사람과 나를 구별한다는 것이다.

자아가 발달하면 나는 누구인가 하는 자아 개념이 생긴다. 비록 장난으로 하는 말이라도 수치심이나 모욕감을 주거나 비난하는 말은 아이에게 부정적 영향을 미친다. 예를 들어 "왜 이렇게 어지르니?", "울면 바보!"라는 말은 '나는 어지르는 사람', '나는 바보'라고 무의식적으로 입력된다. 그렇게 되면 '자기 충족 예언(self-fullfilling propercy)'이 되어 자신이 기대하는 대로 그렇게 되어 가는 것이다. 반대로 "착하구나.", "잘하네." 하고 말해주면 마치 씨앗이 심어지듯 착한 사람, 잘하는 사람으로 입력이 되어 그렇게 행동하고 그쪽으로 향하여 성장한다.

살다보면 무심코 던진 말이 그대로 이루어질 때가 있다. "아이가 왜 이래!", "왜 이렇게 못해!" 하며 실망적이거나 비관적인 말이나 생각을 하기보다는 "괜찮아, 할 수 있어." 하고 인정해주도록 한다. 어떤 아이로 성장하기 바라는지 긍정적으로 말해주고 그렇게 생각하면 기분도 좋고 삶에 희망도 생기며 어느새 그렇게 성장할 것이다.

장난감을 던지다

두 살 된 아이

레고 조각을 가지고 차놀이를 한다

언니가 레고를 쌓아 올리라고 간섭한다

싫다고 하는데도

손에 쥐고 있는 것을 빼앗아

바르게 사용하도록 보여주려 한다

동생은 그만 "앙" 하고 폭발했다

손에 잡히는 대로 다 집어 던져

방 안에 사방으로 흩어졌다

놀란 아빠가 급하게 달려와

덜렁 들어 품에 꼭 안아주니

한바탕 울고 나서야

괜찮다고 다시 레고를 갖고 놀았다

(24개월)

폭발적 행동

아이의 폭발적 행동은 좌절을 경험할 때 나온다. 행동 결과만 보고 야단치거나 때려준다면 아이는 전혀 이해를 못 하고 마음에 상처를 받을 것이다. 아이가 잘못을 저질렀을 때 혹시 어른이 원인 제공을 한 것이 아닌지 생각해봐야 한다. 재미있게 놀고 있는데 갑자기 못 하게 하면 어른이고 아이고 화가 나는 건 마찬가지일 것이다.

어른도 같은 실수를 반복하는데 아이는 두말할 나위가 없다. 잘못할 때마다 계속 짚고 넘어가는 것을 좋아할 사람은 아무도 없다. 실수할 때마다 벌을 주고 혼을 낸다면 자신감을 잃게 되고 자신에 대한 의심이 생길 것이다. 아이의 입장이 되어보며 인내와 사랑으로 가르치고 싶은 것을 직접 본보기로 보여주도록 한다.

체벌은 마지막 수단으로 사용해야 한다

말을 안 들으면 때려준다고 몇 번을 말했는데도 끝까지 도전할 때는 그 말을 지켜야 한다. 말을 해놓고 지키지 않는다면 말의 효력이 떨어져 아이가 무시하게 된다. 체벌의 목적은 가르치기 위한 것이지 정신적 불안이나 나쁜 아이라고 벌을 주는 것이 아니므로 모욕을 주거나 죄보다 죗값이 커서도 안 된다. 통계에 의하면 부모가 체벌할 때 95%가 화가 나서 때린다고 한다. 얼굴이나 머리 등 닥치는 대로 때리는 것은 아이에게 수치심을 동반할 것이며 지나치면 아동 학대가 된다. 1대만 때려도 효과가 있는 것을 5대를 때린다면 폭력이다.

아이가 잘못할 때마다 때린다면 아이에게 마음에 안 들면 다른 아이를 때려도 된다는 것을 간접적으로 가르치는 것이다. 체벌이 일시적으로 말을 듣게 할지는 모르나 장기적인 해결책은 아니다. 부모로부터 폭력이나 학대를 받은 아이들은 스트레스가 내면에 쌓여 문제를 일으키는 행동을 하거나, 또래나 약한 사람에게 공격적 행동을 한다고 한다.

아동 학대

어린이는 양육과 보호받고 사랑받을 권리가 있다. 아동 학대에는 신체적, 성적, 정신적, 양육 거부 등이 있는데, 학대를 하는 사람은 부모와 형제 그리고 아이를 봐주는 주변에서 잘 아는 어른이다. 부모가 화가 나서 마구 흔들거나 때린다거나, 지속적으로 윽박지르고 두려움에 떨게 하는 것과, 보살펴주지 않고 방관하는 것도 아동 학대다.

성 학대는 아이의 순수성을 빼앗고 돌이킬 수 없는 상처를 남기므로 비록 기억을 못 하더라도 무의식 속에 남아 있어 인간관계나 생활에 영향을 미친다고 한다. 다른 사람에게 아이를 맡길 때는 그 사람이 착하고 선하고를 떠나 계획적 또는 충동적으로 일어날 수 있으므로 설마 하지 말고 돌다리도 두드려 가라고 확인하여 위험에서 보호해주어야 한다. 한창 호르몬 분비가 왕성한 사춘기 청소년에게 아이를 맡겨야 할 때는 주위에 다른 보호자가 함께 있어주는 것이 좋다.

어린이를 안전하게 보호하는 것은 어른 모두의 의무이다. 내 아이만 괜찮은 것이 아니라 모든 어린이가 괜찮아야 한다. 때로 피해 아동을 보면 아동 보호 전문 기관에 신고해야 하는데 확증이 없어 그냥 지나칠 수도 있고, 또한 자식은 부모가 키워야 한다는 생각에 남의 가정을 파탄 낼까봐 알면서도 안타깝지만 그냥 지나칠 때가 있다. 적어도 내 자식은 내가 먼저 보호하고, 내 주위 사람들을 주의시키고 자각시키며 인식할 수 있도록 미리 방지하고 예방해야 한다.

10년 후에 우리 아이는

아이가 기대하고 의도하는 대로 잘 크고 잘 먹고 잘 자라면 좋겠지만 다 그렇지는 않다. 정신적으로나 육체적으로 피곤하고 지쳐 짜증이 나면 때론 이성을 잃고 나중에 후회할 행동을 할 수도 있다. 아이는 엄마가 짜증을 내면 더 보채거나 운다. 그러므로 엄마 나름대로 스트레스 푸는 방법을 찾아야 한다. 잠시 상황을 벗어나 심호흡을 하고 아이의 입장에서 생각해보면 마음에 여유가 생길 것이다.

아이가 성장해서 10년 후 그리고 20년 후를 생각해보자. 넓은 안목으로 볼 때 무엇이 중요한지 생각해보면 사소한 것에 너무 집착하는 건 아닌가 생각할 수 있다. 생사의 기로에 놓여 하루하루 사는 아이를 키우는 엄마도 있다. 한번 지나가면 다시 안 오는 아이의 어린 시절이다. 마음껏 사랑해 주고 기뻐해주고 안아주자. 큰 문제 같고 나 혼자만 겪는 것 같지만, 알고보면 비록 상황은 다르더라도 다 겪는 과정이다.

최선을 다해 키우지만 엄마의 힘으로 안 되는 것이 있다. 집착할 때는 하더라도 놓아주어야 할 때는 미련 없이 놓아주는 용기도 필요하다. 진정 아이를 위한 것인지, 아니면 엄마의 체면 또는 욕심인지 생각해보면 지혜가 생길 것이다. 누가 엄마 되는 것을 가르쳐주지 않았다. 엄마가 다 옳은 것도 아니며, 아이를 키우며 엄마가 되는 것을 배운다. 실수를 하면 아이에게 잘못했다고 할 줄 알아야 아이도 잘못했을 때 용서를 청할 것이다.

10장

하루 종일 뭐 했어?
(엄마 혼자 키울 수 없는 아이)

신데렐라 이야기

신데렐라의 이야기는

왕자와 결혼하는 것으로 끝이 난다

서로 다른 환경에서 자란 두 사람

결혼 후 삶은 어떠했을까?

알콩달콩 아기가 생겼다

어떻게 키울 것인가

아기를 난 사람도 엄마이고

끝까지 보살펴주어야 할 사람도 엄마다

하지만 혼자 키울 수 없다

부부 관계

경제적인 문제

시댁 식구 친정 식구와의 관계도 있다

때로는 아이를 위해

엄마가 양보해야 할 것들이 있다

장기적인 안목에서

한발 물러설 필요도 있다

시어머님이 오신대

"어머님과 아버님께서 오신대."

"몸이 회복되면 오시라고 하세요."

"벌써 비행기 표 사셨대."

첫째를 출산하자마자 시부모님이 오셔서 어려웠는데 둘째 때 또 오신다는 것이다. 아기도 보고 싶고 며느리를 보살펴주고 싶은 어머니의 마음은 헤아리지만, 침실 2개에 화장실 하나인 작은 아파트에서 아이는 천방지축 뛰어놀고 어질러놓는다. 더구나 자주 뵙는 것도 아닌 시부모님이 계신데 마음 편히 누워 해주시는 음식을 받아먹을 수도 없는 노릇이다.

시간이 흘러 몸이 회복되고 안정이 된 후에 오셨으면 좋겠건만 그건 희망사항일 뿐이었다. 엄마가 아기를 낳았지만 아기는 모두의 아기다. 부모님이 생명을 주셨기에 우리가 존재하고 다음 세대가 존재한다. 불편하기는 하겠지만 감사하게 생각하면 한없이 감사하다. 얼마나 아기가 보고 싶고 며느리를 생각했으면 나중에 오셔도 되는데 그렇게 먼 길을 급히 달려오셨겠는가 하는 생각에 가슴이 찡해진다.

어떤 옷을 입힐까

3주된 아기를 데리고 가족이 함께 첫나들이하는 날이다. 아기 옷을 입히려고 옷을 골라놓았는데, 남편은 남편대로 시어머니는 시어머니대로 각기 아기에게 입힐 옷을 가지고 왔다. 남편 것은 괜찮지만 시어머니가 주신 옷이 문제가 되었다. 새로 사온 귀여운 옷이었다. 하지만 반팔이라 아기가 추울 것 같아 아무 말도 안 하고 마음대로 선택한 옷을 입혔더니 그것을 보고 시어머니가 화를 내셨다.

"어머니, 날씨가 약간 쌀쌀하니까, 너무 예쁘지만 다음에 입힐게요." 하고 한마디 하면 될 것을, 내 뜻대로 해버렸으니 어머니는 무시당하고 거절당한 느낌이 드셨을 거다. 말을 못 한 건 어머니가 어려워서였지만, 더 깊이 들어가면 어머니의 간섭을 받고 싶지 않다는 간접적인 저항이었을지도 모른다. 관계가 악화된다면 나중에라도 "어머니, 그때 섭섭하셨지요?" 하며 상황을 설명해드리고 섭섭한 마음을 풀어드리는 게 좋을 것이다. 다행히 어머니는 금방 마음을 푸셨다.

사랑하지 않아도 존중할 수 있다

시어머니는 말씀하시고 며느리는 듣는 입장이다. 어른한테 말대답하면 나쁘게 보일 수 있다는 생각에 듣고만 있고, 그 말에 동의하지 못하거나 상처를 받아 속병을 앓는 경우도 있다. 그렇게 되면 그 스트레스가 남편한테 가고 그 그늘이 결국 아이에게 돌아오는 것이다.

누군가 상처를 주는 말을 할 때 이를 받아들일지, 안 받아들일지는 자신에게 달렸다. 조화롭게 생활하기 위해 의사소통을 해야 한다. 특히나 잠시 있는 손님이라면 자기 자신을 희생하고 다 잘해줄 수 있지만, 장기적으로 함께한다면 조화를 이루고 균형이 잡혀야 한다. 서로를 모르고 착각과 오해로 인한 상상 때문에 관계가 힘들고 어려울 수 있으므로 대화를 통해 풀어야 한다.

인간은 누구나 인정받고 싶다. 예의를 갖추어 상대방을 존중해주며, 탓하는 말투가 아니라 입장을 바꾸어 생각해보고, 배려하는 말투로 생각과 느낌을 표현하는 방법을 연습해야 한다.

"왜 그렇게 울리니?"

아기가 계속 울었다

달랠 방도가 없어 진땀을 빼고 있는데

어머니께서 방에 들어오시더니

아기를 빼앗듯이 데려가셨다

어떻게나 서럽던지 밖으로 뛰쳐나가

아파트 모퉁이에 가서 엉엉 울었다

마침 퇴근하던 남편이 그 모습을 보았다

놀랜 남편한테 자초지종을 얘기하자

벌컥 화를 내고 아파트로 뛰어들어 가려고 했다

말을 들어주기를 바란 거지

어머니를 곤궁에 빠뜨리려고 한 건 아니다

"제발 모르는 척하고 있어요." 하고

다급하게 말렸지만 막무가내로 뛰어들어 갔다

"어머니는 도움을 주시러 온 거예요.

아내가 잘하거나 못하거나 그냥 두세요!" 하며

남편이 소리를 버럭 지르자

순간 하늘이 무너지는 줄 알았다

며느리 보는 앞에서 아들이 그렇게 면박을 주었으니

얼마나 화가 나고 자존심이 상하셨겠는가

입이 열 개라도 할 말이 없다

아니나 다를까 당장 돌아가겠다고 하셨다

불행인지 다행인지 비행기 표를 바꿀 수 없어서

죽은 듯 고요하게 일주일을 보냈다

사죄해서 될 일이라면 사죄를 하겠지만

워낙 크게 잘못한 것 같아 그냥 있기로 했다

"며느리 보아라."

댁으로 돌아가신 얼마 후 편지를 받았다

애야,

집에 돌아와 많이 생각했다

내가 잘못했다 네 남편 말이 맞는 것 같다

난 네 남편이 두 살이 될 때까지

시어머니와 함께 살았고

모든 결정을 시어머니가 했단다

먹이는 것 입히는 것 재우는 것 모두 그랬다

그래서 나도 그렇게 하는 건 줄 알았다

다 잊은 일이지만

생각해보면 그때 나도 무척 힘들었단다

내가 너에게 그런 부담을 주었구나

미안하다, 용서해라

변함없이 사랑한다

용서의 힘

시어머님한테서 뜻밖의 편지를 받고 감격해 눈물이 났다. 다시 안 보겠다고 하셔도 할 말이 없는데 오히려 용서해달라고 하시니 몸 둘 바를 몰랐다. 부모가 자식 생각 하는 것이 자식이 부모 생각 하는 것보다 큰가보다. 이 일로 시어머니와의 관계는 더욱 돈독해졌다.

남편이 해준 교통정리가 처음에는 서로에게 힘들었지만 나중을 위해서 아주 잘된 거였다. 그렇지 않았더라면 아이를 키우는 데 시어머니와의 갈등이 평생 갔을지도 모른다. 시어머니는 사탕 하나를 주더라도 아기에 관한 한 무엇이든지 내게 물어보고 허락을 받으셨다. 한순간 모면하려고 한 것이 평생 힘들 수 있고 한순간 고통으로 평생이 순조로울 수 있다. 고부간의 관계를 순조롭게 해주기 위해 남편의 역할이 아주 중요하다.

살다보면 알게 모르게 상처를 주고받는다. 상처의 치유는 용서이고, 용서는 상대방의 입장을 이해해줄 때 자연적으로 용서되고 치유된다. 사람이 나쁜 게 아니라 행동을 하도록 한 상황이 원인이다. 서로 용서해주면 한 차원 높은 관계가 형성된다. 나만 생각하면 다 잃을 수 있으나 상대방의 입장을 배려해주면 둘 다 얻을 수 있다.

할머니 할아버지의 역할

엄마가 직장에 다닐 경우 할머니가 봐주는 경우가 많다. 아기는 사랑을 많이 받으면 받을수록 좋으므로 아이와 할머니의 관계가 잘 형성된다면 큰 보너스다. 할머니는 경험이 있으므로 엄마가 못 해주는 것을 해줄 수 있다. 할머니는 아기가 잘 크도록 사랑을 주고 부모를 도와주는 역할을 해야 한다. 며느리나 딸 또는 젊은이들이 하는 것이 미숙해 보이더라도 나름대로 잘 키운다. 세대가 바뀌었다는 것을 참작하여 조언을 해주되 고집을 주장해서는 안 되며, 부모에게 결정권을 주고 존중해주어야 일이 순조롭다.

문제는 고부간뿐만이 아니라 장모와 사위 사이에 갈등이 있는 가정도 있다는 거다. 언젠가 TV에서 장인 장모가 사위를 대놓고 욕을 하고 무시하는 행동을 하는 것을 보았다. 잘하거나 못하거나 내 딸이 선택한 사람이다. 악은 악을 부르고 선은 선을 부른다. 도움은 주지 못할망정 힘들게 하지 말아야 할 것 같다.

하루 일과

일찍 자는 큰아이

목욕시키고 책 읽어주고

함께 누워 잠을 재운다

한 아이 재우고 또 한 아이 재운다

밤에 자다 깨는 아이 엄마 책임

대신에 새벽에 깨는 아이는 아빠 책임

아침 해서 먹이고 놀아주고

낮잠 재우고 치우다보면

하루가 다 간다

퇴근한 아빠가 아이를 봐주는 동안

저녁을 준비한다

한 사람 아기 재우고

한 사람 설거지하고 빨래를 한다

쉴 새 없는 풀타임 엄마 아빠

아이와 함께하는 시간은 행복하다 하지만

나만의 시간이 없는 것 같아

마음이 허전하다

엄마와 아빠의 양육 방식이 다를 때

　옛날 어머니들은 자식을 많이 낳고 혼자서 잘 키우셨건만 요사이는 둘만 있어도 쩔쩔맨다. 남편이나 누구의 도움 없이 두 아이를 키우는 건 보통 힘든 일이 아닌 것 같다. 부부가 양육에 참여하면 훨씬 수월하고 육체적 힘은 덜 드는 장점이 있지만 단점도 있다. 서로의 양육 방법이 마음에 안 들 때 누군가 양보하여 상대방의 결정을 따르면 좋겠지만 둘 다 견해가 강하면 서로 힘들어진다.

　서로 감정 대립이 되어 다투거나 갈등이 생기면 아이에게 영향을 미친다. 아이가 어려 모를 것 같지만 심리적으로 불안하여 이유 없이 떼를 쓰거나 칭얼거린다. 부모가 상반된 훈육을 하면 아이는 혼란스러워하며 점차적으로 대처하는 법을 배워 다루기 힘들어질 수 있다.

　육아를 잘하는 것도 중요하지만 아이가 엄마 아빠를 믿고 안심하고 평안할 수 있는 분위기가 필요하다. 아이는 엄마 아빠가 모두 필요하다. 아기를 누구의 편으로 만들지 말아야 한다. 부부 갈등이 생기면 이기고 지는 감정 대립에서 벗어나 문제 해결책을 찾도록 한다. 때로 상대방이 마음에 들지 않더라도 아기에게 큰 영향을 미치지 않는다면 미래를 위해 한 발짝 양보하는 것도 지혜이다. 엄마 아빠가 문제를 어떻게 해결하는가를 아이는 보고 배울 것이다.

"하루 종일 뭐 했어?"

남편이 집에 들어오면서

어질러진 거실을 보고

하루 종일 뭐 했냐고 면박을 주면

답답하다 서운하다

치운다고 치웠는데

금방 다시 어질러놓은 것을

남편이 어떻게 알겠는가

말해본들 소용이 없다

남편은 퇴근 후 집에 와 편히 쉬고 싶은데

집 안은 온통 어수선하고

아이들은 정신없이 뛰어다니니

왜 짜증이 안 나겠나

무엇보다 흐트러진 아내의 모습을 보면

얼마나 실망스럽겠나

엄마의 스트레스

누구나 기분이 좋을 때도 있고 나쁠 때도 있다. 하지만 아기 엄마는 특히 조그만 일에 예민하고 감정 기복이 크다. 아기가 기대보다 잘하면 천재인 것 같아 마음이 설레고, 조금만 어긋나면 잘못되지 않았나 하고 땅이 꺼질 듯하게 걱정이 되기도 한다.

새로운 생활에 대한 적응, 아기를 키워야 하는 부담감, 미래에 대한 걱정, 아기를 돌보느라 잠을 못 자서 오는 피로, 호르몬의 변화와 신체적 적응, 제한된 시간에서 오는 외부와의 대화 단절 등 수많은 스트레스 요인이 있다.

주위에 도와주는 사람도 없는데 아기가 울고 보채면 신경이 곤두선다. 아기가 조금 운다고 큰일 나는 것은 아니다. 잠시 상황에서 벗어나 감정을 가라앉히는 시간을 갖는다. 마음을 알아주는 사람과 대화를 하거나 자신을 위해 시간을 갖고 기분 전환을 하는 것도 도움이 된다. 격한 감정을 행동으로 옮기기 전에 소리 내서 말해 스스로 들어보면 엄마 자신도 놀라 후회할 수 있는 행동을 사전에 막을 수 있다.

산후 우울증

스트레스가 쌓여 감당하기 어려우면 고무줄 끊어지듯 이성을 잃게 된다. 살짝 지나가는 경우도 있고, 심할 경우에는 아이에게 위험할 수도 있으므로 주위 사람들의 각별한 관심과 이해와 도움이 필요하다.

병적인 우울증은 보통 2주 이상 계속된다. 산후 우울증에 걸리면 입맛을 잃고, 삶의 의욕을 잃거나 죄의식을 느끼기도 하고, 아기를 해칠 것 같은 생각이 들거나, 심하면 자살할 생각마저 든다고 한다. 산후 우울증은 스트레스, 정신 질병, 가정불화 등과 관련이 있고 8~15% 정도가 겪는다고 한다. 산후 불안증은 우울증과 다른데, 산후 불안증은 아픔이나 무서운 일이 닥칠 것 같은 공포, 악몽과 같은 불안을 계속 느낀다. 정상적인 삶에 지장이 있고 다른 사람에게 피해를 줄 위험이 있는 경우 잠시 격리시켜 정신적 치료 또는 안정을 찾도록 도와주어야 한다.

아이에게는 관대하면서

종일 직장에서 시달리다 온 남편에게

무릎베개 되어주지는 못할망정 잔소리한다

진급은 언제 하느냐 담배는 언제 끊느냐

싫어하는 줄 알면서도

도움이 안 되는 것을 알면서

화를 낼 줄 알면서 쏘아붙인다

나와 아이들의 미래가

남편에게 달려 있다 생각하면

느긋한 남편을 보고 있노라면 불안해진다

시시각각으로 기분이 변하는 내 자신

나는 누구인가

아이들에게는 한없이 관대하면서

남편한테는 왜 그렇게 못 하는 걸까

언제부터인가 남편이 늦게 퇴근하는 것이 편해진다

몸이 피곤하니 눈만 붙이면 잠이 온다

남편과 다정한 시간을 나눈 지도 참 오래다

부부의 무관심이 오래가면 안 된다

남편은 직장에서 받은 스트레스를 집에 가서 아내의 다정한 모습을 통해 풀고 싶고, 아내는 종일토록 아기와 함께하다 지친 마음을 남편한테 위로받고 싶은데 기대가 서로 어긋난다. 이것이 계속 쌓이다보면 포기하고 무관심으로 변하여 한지붕 밑에 같이 살지만 혼자 사는 거나 진배없다.

엄마나 아빠나 어느 한쪽이 아기를 독점하고 집착하거나 끔찍이 여기면 한쪽은 뒷전에 처지며 소외감을 느끼게 된다. 가정이란 부부가 중심이 되어 서로를 존중해야 한다. 아이도 소중하지만 남편이 우선이고 아내가 우선이 되어야 순리대로 조화로운 가정이 될 것이며, 아이에게 이보다 더 좋은 교육은 없을 것이다.

건설적인 부부 싸움

문제가 생기면 상대방 탓으로 돌리고 싶다. 그렇게 되면 상대방도 자신을 방어하기 위해 화를 내며 목소리가 높아진다. 결국 문제 해결을 하는 게 아니라 누가 잘했나 못했나 하며 누가 이기나 하는 기 싸움으로 들어간다. 싸움은 필요하다. 하지만 파괴적이 아니라 건설적이어야 한다.

입장을 바꾸어놓고 생각해보면 상대방이 이해가 간다. "하루 종일 뭐 했어?"라고 남편이 화를 내면 집에서 하루 종일 아기를 보며 지친 아내도 화가 난다. 차라리 아무 말 안 하고 감정이 가라앉은 후에 조용히 원하는 것을 말하도록 한다. "퇴근해 집이 어질러져 있으면 무시당하는 것 같아." 하고 말하면 알아듣는다. 또한 남편이 "하루 종일 뭐 했어?" 하고 화를 낼 때 방어 태세로 즉각적으로 반격하지 말고 남편의 감정을 인정해주며 "미안해, 아이들이 치울 새 없이 어지르네." 하면 상황이 가라앉을 것이다.

상대방이 내 마음을 알아주길 기대하는 것보다 어떤 느낌이 드는지 표현해야 한다. 상대방이 표현하면 "그럴 수 있겠구나.", "그렇구나." 하며 인정해주고 공감해주는 것이 서로에게 큰 힘이 된다. 아이들 다 크고 나면 결국 남는 것은 두 부부이다. 아이 때문에 서로 사이가 벌어지지 않고 사랑을 키워가기 위해 가끔 아기를 다른 사람한테 맡기고 둘만의 시간을 갖도록 한다.

돈 돈 돈

좋은 장난감 좋은 책도 사주고 싶다

하지만 써야 할 돈에서

이것저것 다 제하고 나면

생활비도 빠듯하다

아이를 어린이집에 맡기고

직장을 잡을까 했지만

버는 돈에 비해 비용이 더 나간다

집에서 아이를 키우기로 했다

사주는 것만이 좋은 것은 아니다

돈으로 사주는 것만이 다 좋고 새것이 다 좋은 것은 아니다. 장난감 사 줄 돈이 없다면 집에서 사용하는 그릇이나 재활용품을 이용하여 만들어주면 된다. 앞에서 언급한 것처럼 냄비, 밥그릇과 주걱, 속이 보이는 빈 플라스틱 통도 좋은 장난감이다. 이유식을 집에서 만들어주면 돈도 절약하면서 건강식으로 만들어줄 수 있다. 벼룩시장에서 장난감이나 유아용품과 옷을 저렴하게 구입할 수 있다. 아기는 새것인지 브랜드 옷인지 모른다. 편한 옷이면 된다. 금방금방 자라므로 한두 번 입히거나 한 해가 지나면 못 입히는 것도 있다. 헝겊 기저귀를 사용해 일회용 기저귀값을 줄이는 것도 방법이다.

비록 경제적 여유가 있다고 하더라도 돈을 저축해 나중에 정말 필요할 때 쓰도록 한다. 남들이 다 한다고 우리 아이도 그렇게 해주어야 한다는 생각에서 벗어나 주관과 신념을 갖고 키울 필요가 있다.

내가 선택한 길

내가 살고 있는 지금의 삶은

어렸을 적 꿈의 현실이다

나는 행복한가

직장을 포기하면서 아기를 낳기로 한 것도

집에서 키우기로 한 것도

내가 선택한 것이다

남편이 벌어다 주는 돈으로

집안일 하고 아기를 잘 키우면 되는데

왜 자꾸 조바심이 나는 걸까

나의 미래는 어떻게 되는 건가

무엇을 추구하려는가

무엇을 할 수 있는가

어떤 무지개를 잡으려 하는가

이대로 젊음이 시들어버리는 것은 아닌가

그래도 자책하지 않으리라

주어진 삶에 만족하지 못한다는 것은

발전을 위한 채찍이 될 수 있으니까

내 행복은 내가 만든다

화창한 봄이다

문득 거울을 본다

한동안 겨울잠을 잔 것 같다

변화를 주고 싶어

미장원에 가서

머리를 자르고 파마를 했다

우리는 모두 행복할 권리가 있다. 그 행복의 척도는 내 안에 있다. 다른 사람한테서 찾으려 한다면 실망이 따를 뿐이다. 상대방은 변하지 않는다. 상대방을 변화시키려면 내가 변화되어야 한다. 여왕이 되고 싶으면 남편을 왕으로 대접해주고, 왕이 되고 싶으면 아내를 여왕으로 대접해주면 된다.

아는 것과 모른 것의 차이

모르면 끌려가는 삶이지만

안다는 것은 이끌어 가는 삶이다

알면 선택할 수 있고 변화를 줄 수 있다

주어진 현실에 최선을 다할 뿐

손끝에 가시가 박히면 온통 그곳에 신경이 쓰이듯 아기가 울고 보채거나 집 안에 누군가 아프면 모든 초점이 그리로 가서 다른 사람 생각할 겨를이 없다. 바람이 부는데 왜 부느냐고 따지기 시작하면 한도 끝도 없다. 화만 나지 도움이 안 된다.

막을 수 있으면 막고, 막을 수 없으면 피하고, 피할 수 없으면 맞을 수밖에 없다.

카드놀이를 할 때처럼 주어진 현실에서 최선을 다할 뿐이다.

돌이킬 수 없는 순간

아이들에게 꼼짝없이 매여

요일을 잊는다 세월을 잊는다

잠시도 가만히 두지 않고

놀아달라는 아이들

몸은 지치지만

이 순간이

다시 돌아오지 않을 것이기에

마음을 달래며

추억으로 엮어 가슴에 담는다

긍정적 삶의 태도

　변화 없이 계속 반복되는 생활을 하다보면 회의를 느낄 수 있고 부정적인 생각이 꼬리에 꼬리를 물고 커질 때가 있다. 울적하고 부정적인 생각은 도움이 안 되는 잡초다. 빨리빨리 제거해주어야지 그냥 두면 잡초가 현실처럼 되어버릴 수 있다.

　엄마 아빠가 건강해야 아기도 건강하다. 스트레스를 받으면 면역이 약해지고 병의 원인이 된다. 스트레스는 생각을 긍정적으로 바꿈으로서 자연스레 해소될 수 있다. 어느 연구를 보면 세상을 낙관적으로 보고 역경을 극복하는 사람이 불행을 비관하며 피해 의식에 빠져 사는 사람보다 10여 년이 지나서도 건강하고 만성병도 적게 걸렸다고 했다.

생각이 반복되면 행동으로 가고, 행동을 하면 습관이 되고, 습관이 성품으로 되고, 성품은 운명이 된다고 한다. 오만 가지 생각을 하는데, 그중 2/3가 부정적이거나 자기비판적이라고 한다. 이러한 것을 긍정적으로 바꾸면 운명이 바뀐다고 한다. 걱정하고 불안해하는 것보다 성취하고 싶은 목표를 찾아 적어보면 일이 쉽게 풀리는 수가 있다. 아기를 키우며 사랑을 배우고 인내를 배우고 인생을 배운다. "고생은 돈으로도 못 산다."는 속담이 있다. 문제가 생겼을 때 고민과 후회보다는 그 문제를 통해 무엇을 배울 수 있는가 하는 기회로 삼아본다.

감사하는 마음으로

부족한 것을 생각하면 한도 끝도 없고 반대로 가진 것과 감사한 것을 생각해도 한도 끝도 없다. 불만에 빠져 살 것인지, 주어진 것에 감사하면서 살 것인지는 선택에 달렸다. 부정적인 생각이 들면 스위치를 끄듯 꺼버리고 감사한 것이 무엇인가 생각해본다. 아기가 내 곁에 있고, 아기를 돌볼 수 있는 능력이 있고, 거처할 장소가 있는 것도 감사하다. 한 생명체를 사람으로 만들기 위한 창조 사업에 동참할 수 있다는 것이 얼마나 큰 영광인가!

주위 사람들과 조화를 이루며

할머니가 외손녀딸을 봐주며 여름에 덥다고 아이 머리를 가위로 싹둑싹둑 잘라놓았다고 한다. 며느리는 뒤에서 눈물을 닦을지언정 "짧게 자르니까 시원해 보이네요." 하고 말했다. 머리카락은 다시 자라난다. 사소한 것 때문에 마음이 상하면 아이에게 좋을 것이 없다. 우리 모두는 조직체의 한 일원이며 톱니 들어맞듯이 서로 연결되어 있다. 어느 한쪽이 역할을 못 하면 연쇄반응이 일어난다. 엄마가 아기에게만 모든 신경을 쓰고 부부 관계를 소홀히 하면 부부 사이가 안 좋아지고, 부부 관계가 좋지 않으면 엄마가 행복하지 못하다. 엄마가 행복하지 못하면 알게 모르게 아기에게 짜증을 내게 된다. 건강한 아기를 키우기 위해서 남편과 시댁 식구 그리고 이웃과 좋은 관계를 형성하고 조화를 이루어야 한다. 비록 엄마 뜻에 맞지 않는다 하더라도 더 큰 뜻을 위해, 아기에게 건강과 안전을 해치지 않는 거라면 넓은 아량으로 너그럽게 이해해주고 인정해주는 것도 괜찮다.

한순간 순간 마음을 다하면서

산을 오를 때 정상이 있듯이
아기를 키울 때 그 목표가 있다
정상만 생각하고 올라가면 멀고 힘들다

그렇게 해서 정상까지 간다 하더라도 실망한다

현재 주어진 것을 기쁘고 감사하게 생각하지 못한다면

나중에도 못 할 것이다

순간순간이 정상이고 다시 돌아오지 않는다고 생각하면

한순간이 아쉽고 소중하다

마음을 다해 순간순간 지내다보면

어느덧 정상에 와 있고 그 결과 더욱 값지고 뜻깊을 것이다

모든 것이 순조롭다면 얼마나 좋겠는가마는

살다보면 비도 오고 바람도 분다

때로는 세상 끝이 뒤집어지게 폭우가 쏟아지지만

시작이 있으면 끝이 있다

때가 되면 그치게 되어 있다

비 온 후에 하늘이 더 맑아 보인다

물 흐르듯 자연의 이치대로 살아가며

힘든 일이 있으면 지나가는 과정이라 생각하고

순간순간 무엇이 중요한가를 생각해보고

사사로운 것에 집착하지 않고

마음을 다하며 인생 항해를 한다

엄마 아빠가 되게 해준 아이에게 감사하며